Betuel Cano

ÉTICA: ARTE DE VIVER

A alegria de ser uma pessoa com dignidade

volume 1

Dados Internacionais de Catalogação na Publicação (CIP)
(Câmara Brasileira do Livro, SP, Brasil)

Cano, Betuel, 1948-
    Ética : arte de viver : a alegria de crescer em família, volume
3 / Betuel Cano ; tradução Vera Lúcia Vaccari, Valeriano M.
Casillas. – 9. ed. – São Paulo : Paulinas, 2014. – (Coleção
ética e valores)

    Título original: La ética.
    ISBN 978-85-356-3830-1

    1. Ética 2. Família I. Título. II. Série.

14-09987   CDD-170

Índice para catálogo sistemático:
1. Ética 170

Título original da obra: La ética: arte de vivir – Talleres para formación en valores –
volumen I
© Instituto Misionero Hijas de San Pablo, Santafé de Bogotá, 1997

Direção Geral: Maria Bernadete Boff
Coordenação Editorial: Noemi Dariva
Tradução: Vera Lúcia Vaccari e Valeriano M. Casillas
Adaptação: Marília Muraro
Revisão de texto: Ana Maria Álvares
Gerente de produção: Felício Calegaro Neto
Direção de arte: Irma Cipriani
Editoração Eletrônica: Eduardo Borges
Ilustrações: Osney
Capa: Alexandre Alves

9ª edição - 2014

Nenhuma parte desta obra poderá ser reproduzida ou transmitida porqualqu forma e/ou
quaisquer meios (eletrônico ou mecânico ,incluindo fotocópia e gravação) ou arquivada em
qualquer sistema oubanco de dados sem permissão escrita da Editora. Direitos reservados.

Paulinas
Rua Dona Inácia Uchoa, 62
04110-020 – São Paulo – SP (Brasil)
Tel.: (11) 2125-3500
http://www.paulinas.org.br – editora@paulinas.com.br
Telemarketing e SAC: 0800-7010081

© Pia Sociedade Filhas de São Paulo – São Paulo, 2000

ÉTICA: ARTE DE VIVER

A alegria de ser uma pessoa com dignidade

volume 1

Apresentação

ÉTICA, ARTE DE VIVER — A alegria de ser uma pessoa com dignidade é o primeiro volume da coleção Ética e Valores. Nele são apresentados valores que contribuem para a tomada de consciência, o crescimento, o cultivo e o desenvolvimento da pessoa como um todo, os quais se fundamentam nas dimensões humanas relacionadas à inteligência, ao corpo, à sociedade e ao mundo.

Esta coleção é fruto de um processo de pesquisa de cinco anos, que incluiu projetos, aplicações práticas, estudo de conteúdos, cursos de pesquisa, novos projetos, pesquisa em aula, esquemas de oficinas e sessões pedagógicas, provas de consolidação, novos esquemas. Nesse processo contou-se com a colaboração de estudantes de Manizales, sobretudo dos Liceus Malabar, Aranjuez e do Colégio do Rosário, a quem o autor agradece com grande afeto pela valiosa colaboração e pela permissão para publicar alguns depoimentos.

O trabalho apresenta-se como um guia que propõe temas, estratégias pedagógicas, recursos e atividades capazes de criar espaços de reflexão-ação, possibilitando a todos e a cada um dos membros da comunidade participar desse processo formativo, tomar consciência do trabalho ético que podem realizar em si próprios, não só para que sua conduta se ajuste às normas de convivência, mas também para que se tornem administradores e sujeitos morais de seu próprio comportamento.

O esquema das sessões foi influenciado pelo Modelo Didático Operativo, elaborado pelo dr. Félix Bustos e pela metodologia da Escola Nova, com uma visão pedagógica democrática e humanista, aberta às possibilidades dos grupos e às particularidades das diversas comunidades nas quais é desenvolvido. Os temas podem ser trabalhados na ordem aqui apresentada ou na ordem desejada pelo grupo de estudo, pelo coordenador ou pelos participantes, de acordo com as circunstâncias e necessidades.

A linha pedagógica e a flexibilidade estrutural permitem que os volumes da coleção possam ser adotados por classes de educação formal e também por grupos de estudo familiar, empresarial, eclesial. Os livros também são um excelente recurso didático para encontros, retiros e ainda para reflexão pessoal.

Concebemos a ação educativa como a oportunidade metodológica para se aplicar toda a iniciativa e criatividade possíveis, os recursos disponíveis, os materiais didáticos e os temas, assim como para se trabalhar a fim de alcançar resultados que transformem a realidade pessoal e social em um ambiente de consenso, respeito, tolerância e convivência.

Para o esquema didático dos temas foram consideradas diferentes manifestações da realidade do ser humano e de seu meio, organizadas e definidas da maneira apresentada a seguir.

VOLUME 1:
ÉTICA: ARTE DE VIVER — A alegria de ser uma pessoa com dignidade

Este volume trata o tema pessoa e a tomada de consciência de si mesmo, com seus aspectos e características peculiares. Leva a uma revisão do autoconceito e incentiva cada pessoa a valorizar-se como um ser digno, que tem uma série de valores e potencialidades que lhe permitem superar os obstáculos que a impedem de alcançar a verdadeira liberdade e a realização pessoal.

É uma oportunidade favorável para elaborar uma visão do futuro como sendo um projeto pessoal, cheio de alegria e otimismo.

Apresentação

VOLUME 2:
ÉTICA: ARTE DE VIVER — A alegria de não estar só

Neste volume, aborda-se a convivência e os valores que permitem a uma pessoa crescer com as demais.

É uma oportunidade para tomar consciência do outro, para reconhecê-lo como diferente e merecedor de respeito, "uma pessoa de quem devo me aproximar sem invadir".

É também uma oportunidade para que "os demais identifiquem a mim como o seu outro" e para projetar uma visão de futuro que gere, alimente e construa a convivência entre os humanos.

VOLUME 3:
ÉTICA: ARTE DE VIVER — A alegria de crescer em família

Este volume corresponde aos valores da convivência familiar. Considera que toda pessoa precisa de uma família para crescer plenamente como ser humano.

É uma oportunidade para sentir a alegria de ser homem ou de ser mulher. É o livro da coleção que trata da ternura, do amor e da valorização do corpo humano.

Um bom momento para realizar um projeto de "Família século XXI".

> **VOLUME 4:**
>
> ÉTICA: ARTE DE VIVER — A alegria de ser um cidadão do universo
>
> Na vida do ser humano, é fundamental a sua relação com a natureza, com o meio ambiente e com o que está à sua volta.
>
> Por isso, este volume incentiva a consciência da necessidade de preservar os recursos naturais e a compreensão de que, ao danificar a terra, prejudicamos a nós mesmos e as próximas gerações.
>
> O tema envolve a noção do trabalho e seu significado na vida do ser humano, além da ecologia — especialmente a ecologia humana.

A intenção desta proposta é apresentar aos educadores um processo que permita analisar, compreender e interpretar a realidade pessoal e social de cada um de forma criativa, espontânea e democrática. Seu objetivo é que a pessoa construa, lenta e conscientemente, sua identidade pessoal, solucionando problemas, melhorando suas condições e as do seu meio, até que consiga organizar seu projeto de vida. Para isso, ela poderá contar com o apoio e o acompanhamento dos demais membros da comunidade educacional.

O fato de criar o projeto pessoal não significa que tudo está pronto. Ao contrário, é considerado um ponto de partida, devendo ser vivido, e paralelamente revisto, avaliado, corrigido e melhorado em diferentes momentos da vida.

O mais importante é ter claro que quem se respeita não pode se permitir andar às cegas pela vida ou vivê-la de qualquer maneira. Ao contrário, deve vivê-la de "alguma maneira".

Partimos do fato de que a pessoa é um ser em crescimento colocado na Terra e que, citando a Constituição *Gaudium et spes*: "... acaba sendo

Apresentação   9

para si mesma um problema não resolvido, percebido com certa obscuridade". Portanto, vai-se fazendo aos poucos, tomando consciência de si, daquilo que é e daquilo que deve fazer.

A pessoa é um ser em evolução, que precisa tomar decisões, optar por algumas coisas, renunciar a outras e levar em conta os condicionamentos da realidade social. Precisa aprender a se mover entre as normas que encontra ao nascer e os princípios e valores que seu arbítrio vai adotar. Procura aprender tudo aquilo que achar importante e valioso para seu projeto de vida. Também é importante que leve em conta a possibilidade de desaprender tudo o que considerar obstáculo para sua realização plena sem nunca tornar-se um obstáculo para si mesma.

Nossa proposta pedagógica não é rígida em nenhum aspecto. Ao contrário, incentiva a iniciativa e a criatividade, tanto de quem coordena quanto de quem participa, para que se torne possível trabalhar a realidade do grupo, interesses, gostos, expectativas, sonhos, sentimentos, bem como os acontecimentos que são vividos na escola, na comunidade, nas famílias e na vida de cada uma das pessoas. Porque acreditamos, sobretudo, que o mais importante não é oferecer o melhor programa educativo, mas, sim, responder aos jovens, dando a eles o melhor de nós mesmos.

Reflexão inicial

ÉTICA: ARTE DE VIVER

Muitos anos atrás, em um sítio afastado da cidade, uma humilde lavradora costumava recolher retalhos de cores variadas e bem vistosas. Quando tinha retalhos suficientes, com a dedicação de quem gosta daquilo que faz, costurava-os um a um com um ponto pequeno, firme e adequado, unindo-os de tal forma que não havia risco de se separarem e de o trabalho se desfazer.

Depois de muitos dias e várias semanas costurando retalhos, com suas mãos hábeis e delicadas, ela estendia a peça sobre a cama de casal e sorria diante da obra de sua fé, confiança, auto-estima e dedicação.

Era uma colcha multicolorida que alegrava os olhos de toda a família e que pesava o suficiente para manter-se na cama sem escorregar para o chão. Os retalhos, bem-costurados, guardavam calor para o amor dos esposos. Era como um cobertor, que abrigava para oferecer descanso, aquecia para dar energia e fazia adormecer para sonhar.

Perto desse sítio havia uma escola com um único professor, que tinha a responsabilidade de ensinar todas as disciplinas. Ele não era especializado em nenhuma delas, mas preparava muito bem as aulas para cumprir com eficiência o seu trabalho.

As pessoas, ao se referirem a ele, diziam que tinha uma mística, uma vocação e um modo estranho de... dinamizar a aprendizagem. Em matemática ensinava a honestidade, dizendo que se deve aprender a fazer contas e usar os números para não se enganar nem enganar ninguém.

Ensinava a multiplicar serviço, a somar cooperação, a subtrair má-vontade e a dividir lucros e virtudes entre todos. Associava a matemática com as disciplinas sociais, relacionando as operações ao tempo e ao espaço.

Fazia viagens geográficas pelo mundo e pela história ressaltando a bondade dos protagonistas. Valorizava não só os inventores, os líderes e os generais, mas também os soldados, os indígenas, os comerciantes e os lavradores.

Ensinava a amar a arte, os artistas, as obras e os artesãos; mostrava a beleza da natureza e a relacionava com a gratidão a Deus.

Unia a vida do universo com a do ser humano e com a de todas as criaturas na área das ciências naturais.

Por meio dos sinônimos, antônimos e conjugações, mostrava a importância da comunicação, quando expressa com palavras elegantes, otimistas, delicadas, respeitosas e tolerantes.

Na área de desenho, deixava voar a imaginação com os símbolos que tivessem significado para a vida, a família, a pátria, a identidade e o sentido de pertencer à mãe-Terra.

Acreditava na brincadeira e misturava-se aos alunos nos momentos lúdicos que enchiam a aprendizagem de alegria e espontaneidade.

Era um professor que unia os valores a todas as disciplinas. Como a camponesa que tecia retalhos, esse mestre costurava conhecimentos entre si com um ponto que dava consistência a todos.

Como aquela mulher, ele tecia uma colcha que se transformava em formação integral. Era uma educação única, que entusiasmava os alunos com o dinamismo necessário para manter o interesse do grupo. Entre uma disciplina e outra, a costura conseguia fazer com que a educação servisse para a vida. Nenhuma disciplina era um retalho separado. Unidas, concentravam calor, alegria e otimismo.

Era um professor que transmitia amor por seu trabalho. Para ele, lecionar era um meio de formação holística. Compreendia que os valores não se ensinam, mas sim integram-se ao trabalho, são vividos e sentidos.

A ética era uma costura com a qual ele tecia não só os conhecimentos, mas também seu próprio trabalho, sendo conseqüente e dando o melhor de si.

Mais do que a mente, ele atingia o coração dos jovens.

PARA REFLETIR

★ A quem compete a formação ética?

★ Qual a função do coordenador nos grupos de estudo de ética?

★ O que fazer para impregnar a vida de valores éticos?

★ O que fazer para que nosso grupo de estudo se desenvolva em função dos valores éticos?

OFICINAS

I. INTEGRAÇÃO – Valor-chave: respeito
1. Meus companheiros e eu 18
2. Meu gosto pessoal 26
3. A arte de viver 28

II. A ALEGRIA DE SER PESSOA – Valor-chave: auto-estima
1. Sou uma pessoa 34
2. Eu me expresso com meu corpo 37
3. Aceito-me: tenho auto-estima 41
4. Tenho respeito e dignidade 48
5. Posso definir meus valores 52

III. POSSO PENSAR POR MIM MESMO – Valor-chave: autonomia
1. Gosto de pensar 58
2. Posso expressar-me com clareza 62
3. Posso ser autêntico 66
4. Posso ser criativo 70
5. Sei o que faço 73

IV. TENHO UMA HISTÓRIA – Valor-chave: individualidade
1. Sou parecido apenas comigo mesmo 78
2. Quero liberdade para crescer 82
3. Envolvo-me em problemas 88
4. As crises me ajudam a crescer 92

V. TENHO DIREITOS – Valor-chave: igualdade
1. As nações do mundo pensaram em mim 98
2. Os direitos protegem meus valores 102
3. Se meus direitos estão bem, meus valores também estão ... 104
4. Tenho deveres como pessoa 110

VI. TENHO VISÃO DE FUTURO – Valor-chave: responsabilidade

1. Tenho muitas oportunidades 116
2. Reconheço que estou crescendo 119
3. Minha realização como pessoa – projeto pessoal 123

I. INTEGRAÇÃO

Nada é mais agradável do que estar cercado
de tudo o que a gente gosta.
E conhecer pessoas e situações novas
aumenta nossas possibilidades de gostar.
Ao descobrir o outro
e com ele trabalhar em equipe,
ampliamos nossas realizações
e o gosto pela aprendizagem.

1. MEUS COMPANHEIROS E EU

> É IMPORTANTE O CONHECIMENTO MÚTUO, A INTEGRAÇÃO E A DESCONTRAÇÃO. O AMBIENTE TORNA-SE AGRADÁVEL E RESPEITOSO.

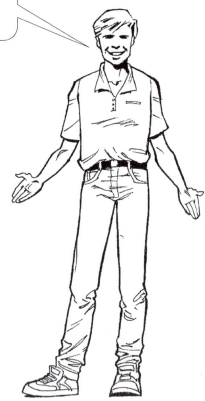

JOGO: CONHECENDO O GRUPO
REGRAS DO JOGO

- Atribuir um número a cada participante, seqüencialmente, do primeiro ao último.

- Colocar em lugar bem visível as tabelas de números que definem quais participantes devem ficar em cada local de reunião, e a cada rodada.

I. Integração

- Na sala, delimitar sete locais de reunião e identificar cada um. Exemplo:

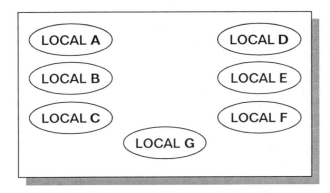

- Em cada um dos locais, colocar a ficha respectiva, mais o material necessário para executar as tarefas relacionadas naquela ficha.

- A quantidade de participantes pode ser diferente dos números relacionados nas tabelas que se encontram nas páginas 22 e 24; não precisa adaptar.

- Não devem encontrar-se em uma rodada aqueles que já trabalharam juntos em rodadas anteriores.

- Combinar um tempo para a execução das tarefas e um sinal para indicar o momento de trocar de local.

MATERIAL PARA O JOGO

FICHAS DE TAREFAS

TAREFAS PARA O LOCAL A

INDIVIDUAL: completar por escrito as seguintes frases:

1. Vivo em...
2. Meus familiares mais próximos são...
3. Meu jogo preferido é...

EM GRUPO: ler para os colegas deste local as frases que você completou.

TAREFAS PARA O LOCAL B

INDIVIDUAL: completar por escrito as seguintes frases:

1. O que eu mais gosto é...
2. Minha melhor lembrança é...
3. Em casa eu não gosto de...

EM GRUPO: ler para os colegas deste local as frases que você completou.

TAREFAS PARA O LOCAL C

INDIVIDUAL: completar por escrito as seguintes frases:

1. Meu programa de televisão favorito é...
2. O esporte de que gosto menos é...
3. A pessoa que mais admiro é...

EM GRUPO: ler para os colegas deste local as frases que você completou.

TAREFAS PARA O LOCAL D

INDIVIDUAL: completar por escrito as seguintes frases:

1. Meu nome completo é...
2. Meus pais chamam-se... e posso dizer deles que...
3. Meus irmãos chamam-se... e são...

EM GRUPO: ler para os colegas deste local as frases que você completou.

TAREFAS PARA O LOCAL E

INDIVIDUAL: completar por escrito as seguintes frases:

1. Minha atividade preferida é...
2. Minha melhor habilidade é...
3. O que eu não faço muito bem é...

EM GRUPO: ler para os colegas deste local as frases que você completou.

TAREFAS PARA O LOCAL F

INDIVIDUAL: responder por escrito:

1. Qual foi sua experiência mais marcante que já teve?
2. Foi engraçada? Por quê?
3. Você ficou com medo ou ficou triste? Por quê?

EM GRUPO: ler suas respostas para os colegas deste local e responder às perguntas que eles fizerem a você.

TAREFAS PARA O LOCAL G

INDIVIDUAL: responder por escrito:

• Fazer um desenho do que você mais gosta.

EM GRUPO: apresentar o desenho para os colegas interpretarem; verificar quais interpretações coincidem com a idéia do autor do desenho.

TABELAS DE NÚMEROS

TABELA PARA A 1ª RODADA

A	B	C	D	E	F	G
1	2	3	4	5	6	7
8	9	10	11	12	13	14
15	16	17	18	19	20	21
22	23	24	25	26	27	28
29	30	31	32	33	34	35
36	37	38	39	40	41	42

COMO USAR AS TABELAS: cada participante dirige-se ao local que lhe corresponde de acordo com o número que atribuiu a si mesmo. Por exemplo, na 1ª rodada, os participantes com os números: 1, 8, 15, 22, 29 e 36 reúnem-se no local A para realizar as tarefas para o local A.

TABELA PARA A 2ª RODADA

A	B	C	D	E	F	G
7	1	2	3	4	5	6
13	14	8	9	10	11	12
19	20	21	15	16	17	18
25	26	27	28	22	23	24
31	32	33	34	35	29	30
37	38	39	40	41	42	36

I. Integração

TABELA PARA A 3ª RODADA

A	B	C	D	E	F	G
6	7	1	2	3	4	5
11	12	13	14	8	9	10
16	17	18	19	20	21	15
28	22	23	24	25	26	27
33	34	35	29	30	31	32
38	39	40	41	42	36	37

TABELA PARA A 4ª RODADA

A	B	C	D	E	F	G
5	6	7	1	2	3	4
9	10	11	12	13	14	8
20	21	15	16	17	18	19
24	25	26	27	28	22	23
35	29	30	31	32	33	34
39	40	41	42	36	37	38

TABELA PARA A 5ª RODADA

A	B	C	D	E	F	G
4	5	6	7	1	2	3
14	8	9	10	11	12	13
17	18	19	20	21	15	16
27	28	22	23	24	25	26
30	31	32	33	34	35	29
40	41	42	36	37	38	39

TABELA PARA A 6ª RODADA

A	B	C	D	E	F	G
3	4	5	6	7	1	2
12	13	14	8	9	10	11
21	15	16	17	18	19	20
23	24	25	26	27	28	22
32	33	34	35	29	22	33
41	42	36	37	38	39	40

TABELA PARA A 7ª RODADA

A	B	C	D	E	F	G
2	3	4	5	6	7	1
10	11	12	13	14	8	9
18	19	20	21	15	16	17
26	27	28	22	23	24	25
34	35	29	30	31	32	33
42	36	37	38	39	40	41

DIÁLOGO DIRIGIDO

1. De quais colegas você se lembra dos nomes?

2. De qual colega você se lembra do que ele mais gosta?

3. De quais colegas você se lembra dos nomes dos pais?

4. De qual experiência você gostou mais? Por quê?

5. Em que local se sentiu mais à vontade? Por quê?

6. Em que local não se sentiu bem? Por quê?

I. Integração

AVALIAÇÃO

1. Escrever os nomes de dez companheiros e uma qualidade de cada um deles.

2. Quais as diferenças que você observou em seus colegas em relação a si mesmo? Escrever pelo menos dez.

3. Na sua opinião, quais atitudes são necessárias para obter maior integração no grupo? Registre no caderno para partilhar no plenário.

PLENÁRIO

• Trocar idéias sobre o jogo e partilhar o resultado de todas as tarefas executadas nesta oficina.

COMPROMISSO

Definir o que você pode fazer para conhecer melhor seus companheiros.

2. MEU GOSTO PESSOAL

TRABALHO INDIVIDUAL

Imaginar um emblema que possa dividir em quatro partes.

Exemplo:

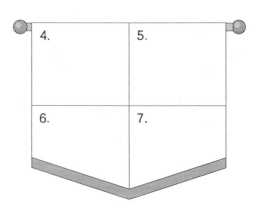

I. Integração 27

- Escrever ou desenhar, em cada parte, respostas pessoais às questões abaixo.

  1. Qual o animal de que mais gosta?
  2. Qual sua fruta predileta?
  3. De que cor você pintaria o amor?
  4. O que gostaria de conservar para sempre?

- Definir em plenário uma forma de expor os emblemas de modo que todos possam apreciar e trocar impressões a respeito.

ATIVIDADE INDIVIDUAL

Definir o significado de cada uma das partes do gráfico que fez e expressá-lo por meio de valores. Por exemplo: o animal que mais gosta é um coelho, gosta de coelho porque ele é macio, então, o valor a expressar pode ser ternura.

AVALIAÇÃO EM GRUPO

Conversar sobre os resultados alcançados, a partir de perguntas semelhantes a estas:

- Quais respostas de que você mais gostou? Por quê?
- Que respostas lhe pareceram estranhas? Por quê?
- Qual o valor que se repetiu mais vezes?
- Qual dos colegas compreendeu melhor o seu trabalho?
- Cite algo que você aprendeu na atividade de expressar valor.

COMPROMISSO

Definir um valor que possa colocar em prática nesta semana.

3. A ARTE DE VIVER

LEITURA DIRIGIDA

Estudar o texto "Ética: arte de viver", que se encontra na reflexão inicial deste livro, seguindo os passos relacionados abaixo.

PRIMEIRO PASSO

1. Leitura individual, anotando no caderno o que mais chamar a atenção.
2. Leitura em grupos, discutindo os pontos que cada um anotou e por que o fez.
3. Preparar, em grupos, um trabalho em cartolina: desenhar uma árvore e escrever nela os assuntos relacionados na história. Por exemplo: escrever no tronco: *educação integral*.

I. Integração

SEGUNDO PASSO

Responder, individualmente e por escrito:

1. Como o professor relacionava os valores a todos os conhecimentos?

2. Pode-se afirmar que o professor dessa história vivia de forma ética? Por quê?

3. De tudo aquilo que ele realizava com os jovens, o que mais chamou sua atenção? Por quê?

4. Você concorda que a ética pode ser utilizada como uma forma de costura?

5. Como conseguir no seu grupo a prática daquilo que o professor fazia: relacionar conhecimentos entre si por meio de valores?

6. É possível aplicar isso de alguma forma na vida de cada um? Como?

7. É possível dizer, de acordo com a história, que nem todos os conhecimentos funcionam como uma costura? Por quê?

8. O que é preciso para que o grupo tenha as características de uma verdadeira equipe de trabalho?

PLENÁRIO

- Partilhar o resultado da atividade de leitura dirigida.

- Expor todos os trabalhos ou relatórios dos grupos.

LEITURA LIVRE

A IMPORTÂNCIA DA INTEGRAÇÃO

O trabalho em equipe é motivador por muitas razões, mas principalmente porque permite o conhecimento mútuo. É agradável trabalhar com pessoas que a gente conhece e deseja conhecer melhor. Esse conhecimento traz confiança, facilita a aproximação, gera afeto, o qual, por sua vez, multiplica o interesse e constitui-se em apoio eficaz para a aprendizagem.

A integração, o conhecimento e o afeto unem o grupo de forma que o crescimento seja individual, atendendo às necessidades de cada um. Mas também enriquecem o grupo, desenvolvendo o sentido de pertença e de segurança em seus membros. Além disso, afirmam o valor e o senso de responsabilidade de cada um, permitindo a unificação e fortalecendo o caráter de forma a possibilitar a superação das frustrações e dos possíveis erros.

O professor que costura um conhecimento no outro consegue um excelente trabalho de equipe, cria um ambiente que gera conhecimento, competição saudável, cooperação, compreensão e amor. Ele vive de forma ética. Sente os valores e integra-os em seu trabalho. Cheio de entusiasmo e energia, lança-se de dentro para fora, doando aos outros, com sinceridade e responsabilidade, o que ele é. Do mesmo modo como a lavradora tecia com alegria e amor, o professor integra corpo, espírito e mente nas vinte e quatro horas do dia.

Os alunos correspondem com alegria, entusiasmo, respeito e gosto pelas aulas; não tanto pelo que aprendem, mas pelo que passam a viver.

DISCUSSÃO EM GRUPO

- Dividir a turma em grupos, para que definam como colaborar com o crescimento pessoal e dos colegas.

- Cada grupo propõe algumas normas ou valores éticos.

EM PLENÁRIO

- Partilhar o trabalho dos grupos.
- Negociar as propostas e planejar uma delas.
- Eleger um dos participantes para que organize o que foi decidido em uma cartolina ou na lousa.

COMPROMISSO

Definir atitudes pessoais que permitam colaborar com o seu próprio crescimento e com o crescimento dos colegas.

II. A ALEGRIA DE SER PESSOA

Toda pessoa pode agir por si mesma,
sem deixar-se conduzir
nem esperar que os outros façam o que deve fazer.
Assim como tem seu jeito próprio de andar,
pode exprimir idéias e sentimentos à sua maneira
e tem capacidade
para desenvolver suas próprias atitudes.

Valor-chave:

Auto-estima

1. SOU UMA PESSOA

POSSO TOMAR MINHAS DECISÕES, TENHO AUTO-ESTIMA E MEU PRÓPRIO JEITO DE SER.

TRABALHO EM GRUPO

- Montar um quadro com o nome de todos os integrantes deste grupo de estudo de ética.
- Ao lado de cada nome, registrar as preferências de cada um e o porquê, ou seja, o seu gosto pessoal.

Exemplo:

NOME	ANIMAL PREFERIDO	QUALIDADE OU VALOR	FRUTA PREDILETA	QUALIDADE OU VALOR
Betinho	coelho	é macio	maçã	é doce
Juliana	cachorro	é manso	banana	
Luciana	peixe			

EM PLENÁRIO

Verificar, em conjunto:

- quantas qualidades surgiram no total;
- quantos são os integrantes do grupo de estudo;
- quantas escolhas fez cada um no total;
- que nome dar a esse quadro.

LEITURA

SER PESSOA

O que me torna pessoa é o fato de que posso "agir por mim mesmo", tomar minhas próprias decisões, buscar coisas novas, refletir sobre o que pretendo fazer e fazê-lo, posso pintar, desenhar, compor letras, poemas ou canções.

Tenho autonomia: posso distinguir o que me convém ou não, tenho valores que me permitem ser cada vez melhor, posso empenhar-me em respeitar a mim mesmo e a meus colegas. Posso ser eu.

Agir por mim mesmo significa ter voz própria, jeito próprio de andar, modos de agir e comportamentos que mostram a minha personalidade e minha forma peculiar de ser.

Agir por mim mesmo significa: ser capaz de satisfazer minhas necessidades materiais — comer, vestir, tomar banho — e também minhas necessidades afetivas e espirituais: amizade, amor e o sentimento de pertencer a um grupo, a uma família, sociedade em que vivo e à natureza.

Pessoa é um ser capaz de viver em sociedade, de assumir atitudes de, cooperação, ajuda e tolerância. Tem um autoconceito positivo, reconhece suas potencialidades, tem fé em si mesmo.

Ser pessoa é sentir satisfação em dar e receber ajuda. É também sonhar com aventuras, ter fantasias e ilusões, exercer a liberdade com responsabilidade, saber que não é possível conseguir tudo o que se deseja. É, ainda, aceitar que existem conflitos e dificuldades, mas que é mais importante não se deixar derrotar e nunca considerar-se fracassado.

EXERCÍCIO INDIVIDUAL

Localizar no texto três características que na sua opinião melhor definem o que é ser pessoa e registrá-las no caderno.

COMPROMISSO

Adotar até a próxima aula uma atitude que prove que você de fato é uma pessoa.

PARA CASA

1. Confeccionar símbolos que representem a qualidade preferida de alguns colegas para dar de presente a eles na oficina da auto-estima, capítulo 3 desta unidade.

2. Recortar de jornais ou revistas três cenas que só um ser humano poderia realizar. Se quiser, crie uma legenda para cada cena.

II. A alegria de ser pessoa 37

2. EU ME EXPRESSO COM O CORPO

JOGO: A ORQUESTRA

- Todos devem ter um lenço e organizarem-se em círculos.

- Cada participante segura uma ponta do seu lenço, e o coordenador segura a outra ponta de todos os lenços com uma só mão.

- Cada vez que o coordenador tocar um dos lenços com a outra mão, aquele que o estiver segurando deverá cantar uma música diferente.

- Quem não quiser cantar, responde a uma pergunta previamente escrita, contida em um envelope.

AUTO-AVALIAÇÃO

1. Como você se sentiu?

2. Procurou fazer com que o coordenador não tocasse em seu lenço? Por quê?

3. Que movimentos fazia? Como você se expressou com o seu corpo?

4. O corpo foi importante nessa atividade? Por quê?

TRABALHO INDIVIDUAL

Desenhar um corpo humano e escrever uma carta ou um poema.

EM PLENÁRIO

Partilhar o desenho e o texto elaborado.

LEITURA

O VALOR DO MEU CORPO

Ao observar meu corpo, admiro os olhos pelo que podem ver, as mãos pelo que podem fazer, os ouvidos pelo que podem escutar, a boca pelo que pode falar e pela alegria que pode expressar apenas com um sorriso.

Fico admirado com a força comunicativa de meu corpo, com o coração por seu esforço constante, por sua vitalidade... ele não tem férias.

Admiro a temperatura que meu corpo consegue manter, avisando-me se há excesso de calor ou de frio.

Quando atendo meu corpo, ouvindo seus avisos, seus ruídos, ele me diz onde dói e pede para que eu me queixe, chore ou grite.

Meu corpo é um amigo fiel, sempre colado a mim, não pode me abandonar. Avisa-me quando tenho fome ou sede.

E se prestar atenção, é no meu corpo que eu vivo e nele existem meus valores. No meu corpo está tudo o que sou.

Meu corpo sempre pode expressar a verdade.

II. A alegria de ser pessoa

Quando minto pode ficar pálido.

Quando dizem que gostam de mim, pode ficar ruborizado.

Se sou agredido ele me defende; se sou tratado com suavidade e doçura, torna-se terno e amoroso.

É no meu corpo que eu assumo como sou e nele decido mudar ou não. No meu corpo eu encontro comigo mesmo para pensar, refletir ou sonhar.

É no meu corpo que posso crescer no vício ou na virtude, manifestar ódio ou respeito e bondade.

Ao respeitar meu corpo, respeito o corpo das outras pessoas, sem distinguir se é baixo ou alto, gordo ou magro, negro, amarelo ou branco; se é mestiço, jovem ou velho; se é cego, coxo, surdo ou de alguma forma excepcional.

Meu corpo é como uma vitrine bem-decorada que convida a comprar. Se está bem-apresentado, bem-vestido, limpo, e exprime amabilidade, convida a quem o vê para conversar comigo. Por meu corpo sou aceito ou rejeitado.

Além de tudo isso, é o meu corpo quem sofre quando meus direitos não são respeitados... mas também, é ele quem recebe os carinhos e abraços de quem gosta de mim.

TRABALHO INDIVIDUAL

Escreva a sua opinião sobre cada uma das questões abaixo.

1. Por que o corpo humano é importante?

2. Como ele pode ser cuidado?

3. De que maneira o esporte influi no corpo?

4. De que maneira a alimentação influi no corpo?

5. Que tipos de relações humanas são influenciadas pelo corpo? Por quê?

DISCUSSÃO EM GRUPO

- Partilhar a atividade anterior em pequenos grupos espontâneos e discutir as opiniões.

- O coordenador faz a mediação; intercede, se necessário.

COMPROMISSO

Definir um compromisso relacionado ao respeito e à responsabilidade que devemos ter para com o nosso corpo.

II. A alegria de ser pessoa

3. ACEITO-ME: TENHO AUTO-ESTIMA

JOGO: CONCEITO EM MÚLTIPLO DE DOIS

MATERIAL

Fichas com quatro códigos cada uma, usando múltiplos de dois em ordem crescente a cada coluna. Exemplo:

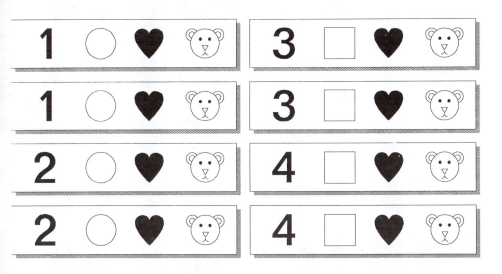

ÉTICA: ARTE DE VIVER — A alegria de ser uma pessoa com dignidade

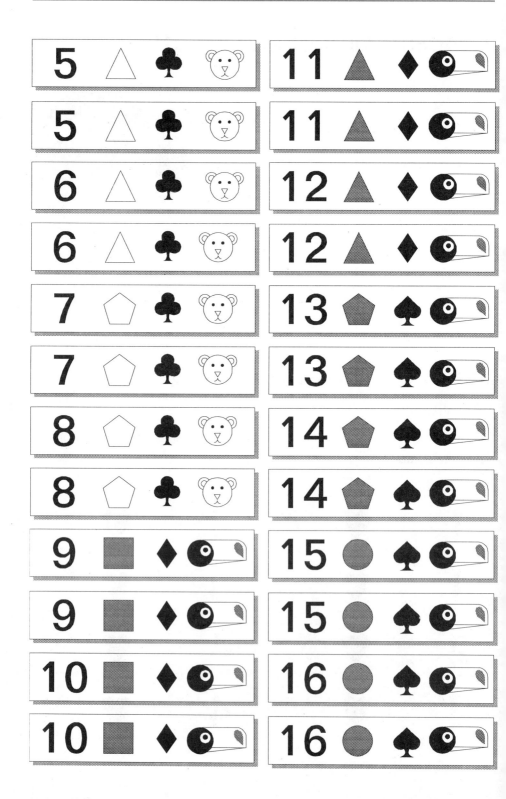

II. A alegria de ser pessoa   *43*

REGRAS

- Em lugar visível para todos, registrar a pergunta-chave do jogo:

> NA SUA OPINIÃO, O QUE É AUTO-ESTIMA?

- Combinar um sinal de início e término de cada etapa do jogo.

- Cada participante recebe o material que for necessário para escrever e uma das fichas com quatro códigos de se organizar em grupo.

- Todos os participantes respondem individualmente e por escrito à pergunta-chave.

- Ao sinal combinado, cada participante procura aquele que tem o mesmo código da primeira coluna e reúne-se a ele (no exemplo que demos reúnem-se 1 com 1, 2 com 2, 16 com 16 etc.).

- As duplas assim formadas comparam as respostas que têm e elaboram com elas um único conceito sobre auto-estima.

- Ao sinal combinado, cada dupla procura a outra dupla que tem o mesmo código na segunda coluna e reúne-se a ela (no exemplo que demos podem se reunir os quatro participantes que têm a forma triângulo vazio, os quatro que têm a forma pentágono cheio etc.).

- Os grupos de quatro comparam os conceitos que trouxeram, discutem o conteúdo e, em consenso, elaboram um só conceito de auto-estima para cada grupo de quatro.

- Da mesma forma e com o mesmo desafio, vão-se formando grupos de oito, de dezesseis e quantos forem necessários para que se forme um conceito de auto-estima que seja resultado da reflexão e discussão de todos os participantes.

LEITURA

AUTO-ESTIMA

Para gostar de si é preciso partir em busca do próprio eu por meio do diálogo consigo mesmo.

Dialogar consigo mesmo ajuda a descobrir as características peculiares da personalidade, contribui para identificar os elementos indispensáveis que permitem estruturar a vida, colabora na identificação da matéria-prima com que se desenvolvem o caráter e a personalidade, e motiva a encontrar métodos que levem ao auto-conhecimento.

Dialogar consigo mesmo é tentar definir o grau de emotividade, de atividade, de resposta aos estímulos. É rever emoções, desejos, ilusões e preferências. É encontrar consigo mesmo no mais íntimo de seu ser para se assumir com ternura, clemência, estima e muito amor.

Quando a pessoa começa a acreditar em suas capacidades e em seu poder de tornar a vida uma experiência maravilhosa, cheia de realizações, começa a gostar de si mesma: gosta de ser homem ou de ser mulher; gosta de seu corpo, de sua cor; agrada-lhe fazer parte de uma sociedade que tem necessidades e desejos de evoluir; gosta de sentir-se útil e valorizada, contribuindo, servindo e cooperando.

Acreditar em si mesmo permite que a gente descubra que é cidadão do universo, que não pertence só a si, à sua família, a seu grupo ou à cidade onde vive, pois tudo o que faz ou diz vai além do que consegue ver com seus olhos; assim, ela valoriza sua liberdade e responsabilidade.

Ter um conceito positivo de si mesmo é aceitar-se como pessoa, é ter auto-estima, é ver-se como portador de uma boa imagem, é considerar-se membro importante da família humana... é ter auto-estima.

E ter auto-estima é não afastar-se de si mesmo e viver em comunhão consigo, com vontade de melhorar a cada dia, mudando o que achar necessário para sua própria identidade e sua auto-realização.

II. A alegria de ser pessoa　　　　　　　　　　　　　　　　　　　　45

PLENÁRIO

O MOMENTO DE PRESENTEAR

- Reunir todos os símbolos de qualidade preferida que o grupo confeccionou em casa, depois da oficina "Sou uma pessoa".

- Cada participante pega um dos símbolos (apenas um) e entrega-o a um colega.

- As entregas continuam até que todos tenham presenteado um colega e recebido um dos símbolos. Todos fixam os símbolos no peito, como se fossem medalhas ou condecorações.

- O coordenador deve organizar um diálogo de agradecimentos, de forma oral e escrita.

TRABALHO EM GRUPO

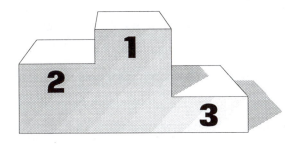

INSTRUÇÕES

1. Reunir-se com dois colegas e avaliar os símbolos de cada um.

2. Definir para cada símbolo o que o grupo considera como sendo o valor que se relaciona àquela qualidade.

3. Desenhar um pódio e nele ilustrar os valôres de acordo com a importância que deseja dar-lhes; o mais importante fica como primeiro.

4. Partilhar o resultado dessa atividade com os outros grupos.

COMPROMISSO

Definir um valor relacionado com a auto-estima.

PARA CASA

1. Avaliar a declaração de auto-estima de Marta, uma menina de 13 anos.

2. Definir como deve ser a sua própria declaração de auto-estima e trazê-la redigida para a próxima aula.

MINHA DECLARAÇÃO DE AUTO-ESTIMA

Marta Lucía Herrera*

Sou uma pessoa com dificuldades e problemas como qualquer jovem da minha idade.

Gosto que as pessoas me queiram bem e me respeitem como eu respeito a todos.

Adoro os dias ensolarados, mas não muito, pois me deixam nervosa.

---

* Menina de 13 anos do Liceu Malabar, Manizales, Colômbia.

II. A alegria de ser pessoa

Gosto que me acordem com carinho e que tudo o que façam por mim seja feito com muito amor.

Não gosto de ser ignorada. É agradável ouvir o que os outros pensam, isso me faz sentir uma verdadeira pessoa.

Às vezes penso que as pessoas me rejeitam pelas espinhas e porque sou magra; mas é que hoje em dia só prestam atenção no físico das pessoas; pouco ou nada lhes importam seus sentimentos e o que pensam.

Mas, em geral, gosto de ajudar as pessoas, pois é uma coisa tão linda ajudar sem esperar nada em troca.

Gosto das pessoas e as respeito, mas quando me faltam ao respeito, eu faço o mesmo.

Sou muito rancorosa. Esse defeito não me permite ser feliz, assim como o desejo de vingança, também a irresponsabilidade e a falta de compreensão para com algumas pessoas.

Mas, em geral, sou uma boa pessoa, com vontade de mudar, ajudar e apoiar a todos aqueles que me rodeiam, com um pouco de alegria e desinteresse.

4. TENHO RESPEITO E DIGNIDADE

SOU UMA PESSOA COM DONS QUE ME TORNAM SINGULAR E ORIGINAL E QUE ME FAZEM DIGNA DE SER RESPEITADA POR TODOS.

TRABALHO EM GRUPO

Reunir-se com três ou quatro colegas e desenhar um corpo humano completo. Escrever diante de cada parte do corpo desenhado a atividade que pode realizar com essa parte.

Com a ajuda do coordenador, organizar uma exposição dos trabalhos.

Sugestão: colocar os trabalhos no chão, de forma que se possa olhá-los movendo-se em círculo em volta deles para avaliar a criatividade dos grupos.

ATIVIDADE INDIVIDUAL

Citar exemplos de utilização de algumas partes do corpo.

Destacar o valor expresso em cada ação de diferentes partes do corpo.

Por exemplo: os braços servem para abraçar; valor: o afeto.

II. A alegria de ser pessoa

LEITURA

DIGNIDADE HUMANA

Como pessoa eu tenho valores, possuo dons que são ao mesmo tempo bens e direitos. E por pessoa eu entendo um ser dotado de dignidade, dono de si e, portanto, portador de bens que são direitos seus.

A dignidade humana identifica-se com a condição de pessoa; dignidade e personalidade estão intimamente ligadas. Por isso, posso dizer que os dons que tenho, como a vida, a liberdade, a autonomia, a inteligência, a verdade, entre outros, me dão o caráter de dignidade.

Tenho dignidade porque tenho valores. Tenho dignidade porque posso atingir a minha realização. A dignidade me torna um ser merecedor de respeito. A dignidade me faz merecedor de um tratamento igualitário, isento de discriminação.

A dignidade, com toda a bagagem que carrega, dá ao ser humano "superioridade sobre o universo material"[1], permite-lhe encontrar-se consigo mesmo para "decidir seu próprio destino"[2] e protestar quando sua dignidade é ferida.

Vamos observar nestes testemunhos de jovens o protesto pelo respeito a seus desejos, à sua intimidade, a seu corpo:

"Que meus professores sejam tolerantes, carinhosos e amáveis."

"Eu gostaria que os professores respeitassem a gente, para que assim pudéssemos respeitá-los, porque eles gritam e querem que a gente fique calada; ninguém suporta ser maltratado, muito menos eu."

"Que os professores me respeitem e não me coloquem em posição ridícula diante da classe."

---

[1] Constituição *Gaudium et spes*, n. 14, in *Vaticano II*: Mensagens, discursos, documentos. São Paulo, Paulinas, 1998, p. 480.

[2] Ibidem, p. 480.

"Meus professores devem ser mais pacientes."

"Violam nossos direitos porque querem nos transformar e não nos deixar ser como realmente somos."

"Meus professores devem ser exigentes e justos."

"Quero que meus pais não me batam tão forte."

Respeitar o outro implica tolerar suas características, proteger sua imagem, não invadir sua intimidade, não discriminá-lo por sua cor, sexo ou grupo étnico; ser paciente e justo diante de seus pensamentos, sentimentos e discordâncias.

Quando uma criança é obrigada a comer sem ter fome, a se agasalhar sem sentir frio, ou a dormir sem ter sono, reclamará de alguma forma da atitude de desrespeito por parte de quem a manipula; pode chorar, gritar, espernear, cuspir ou agir de forma mais agressiva.

O que todo ser humano exige é aquilo de que necessita, o que pede sua dignidade: respeito. E, de preferência, que seja carregado de afeto, ternura e amor.

TRABALHO INDIVIDUAL

Fazer um desenho que expresse a auto-estima e o respeito.

COMPROMISSO

Definir que atitudes podem ser adotadas diante da própria dignidade e da dignidade dos colegas.

PARA CASA

Pesquisar com os familiares e os vizinhos o que eles entendem por valores éticos.

5. POSSO DEFINIR MEUS VALORES

O MELHOR DE MIM É QUE SOU EU MESMO, COM MEUS VALORES E TUDO MAIS.

JOGO: A BERLINDA

1º PASSO

Todos se organizam em um só círculo, com uma folha de papel e lápis.

Cada participante escreve seu nome na parte superior da folha.

Em seguida, a folha roda para a direita e cada participante escreve nela uma qualidade da pessoa cujo nome está escrito na folha, até chegar ao colega que está à esquerda dessa pessoa. O "dono" da folha não deve ler o conteúdo ainda.

2º PASSO

O coordenador recolhe todas as folhas. Em seguida, pede a colaboração de alguns voluntários para sentar-se no centro e ficar "na berlinda".

Cada voluntário recebe um número, para que todos ocupem a berlinda de acordo com a ordem indicada.

Senta-se o primeiro e pergunta: "Por que estou na berlinda?"

O coordenador responde à pergunta, lendo uma das qualidades.

Por exemplo: "Está na berlinda porque é dinâmico."

II. A alegria de ser pessoa

Depois, quem está na berlinda deverá identificar o colega que escreveu aquela qualidade na folha. Se acertar, é aplaudido ou parabenizado ou grita-se "Viva!". Caso contrário, ele tem mais uma oportunidade. Na terceira vez em que errar, o grupo pode cantar: "Você errou, meu companheiro, você errou, meu companheiro". E ele volta a seu lugar.

Proceder da mesma forma com todos os demais voluntários, seguindo a ordem definida.

3º PASSO

Os participantes recebem suas respectivas folhas e dá-se um tempo suficiente para que as leiam e satisfaçam sua curiosidade.

4º PASSO

Os participantes fazem um traço diante da qualidade que praticam pouco, uma cruz diante da que cultivam mais ou menos e um asterisco na frente da que exercitam bastante. Depois, definem um valor a cada qualidade assinalada.

5º PASSO

Todos partilham suas impressões sobre o jogo, procurando ouvir as críticas ou os elogios com respeito. Depois, buscam um consenso em relação aos valores que surgiram no jogo.

> O VALOR É LEGAL; SERVE A TODO MUNDO E QUANDO TEMOS VALORES ESTAMOS BEM.

> PARA MIM, É COMO DIZEM NA AULA DE ÉTICA: VALOR É UM BEM.

LEITURA

OS VALORES

"Quando se fala em valores, faz-se associação com uma série de qualidades que se encontram nas pessoas, nas coisas, nas idéias; qualidades que fazem com que todo aquele que as possui seja digno de apreço.

Os valores são qualidades que dão sentido à vida, posto que, em alguns casos, elas são inclinações íntimas e pessoais. Alguns autores as consideram instintivas; outros acreditam que são adquiridas e vão sendo aperfeiçoadas nas diversas atividades da vida.

O valor é, de modo geral, uma qualidade ou um conjunto de qualidades que têm mérito, utilidade ou apreço, e podem ser consideradas existentes no indivíduo ou na comunidade, onde se manifestam de modo concreto por meio de ações. Por exemplo, a solidariedade se manifesta na ajuda concreta."[3]

Assim sendo, um valor é sempre um bem, é sempre um bom hábito. No entanto, os valores dependem do contexto no qual a pessoa se desenvolve; aquilo que é valor para uma comunidade pode não ser ou não existir em outra. Para os índios que ainda vivem na floresta, a roupa não é um valor, não precisam dela.

Por isso, podemos afirmar que valor é tudo aquilo que favorece a plena realização do ser humano como pessoa; é o que dá sentido à sua vida e o faz agir.

Hoje, mais do que nunca, a criança, o jovem e o adulto estão expostos a inúmeras dificuldades que tornam a vida mais estressante. É necessário iluminar a realidade para que o ser humano não caminhe a esmo. Ele precisa de ajuda para esclarecer o que é valor e o que não é, o que é justo e o que é injusto, o que é verdade e o que é mentira. Para cumprir essa tarefa são importantes, além da família, a escola e grupos de estudo como este.

---

[3] CONACED. *Experiencia educativa sobre valores*. Medellin, Publicaciones Conaced, Antioquia, Publicación, nº. 4, s.f. p. 1.

Porém, sem dúvida alguma, a questão dos valores não pode ficar só na discussão. Deve ir além, obrigando-nos a cada dia a nos preparar para sermos melhores, para colocar toda a nossa vitalidade em sua aplicação, pois eles são a bagagem com a qual contamos para a nossa realização pessoal.

COMPROMISSO

Expressar algumas qualidades preferidas e assumir o compromisso pessoal de exercitá-las por um determinado prazo.

PARA CASA

Recortar de jornais ou revistas cenas que você pode relacionar com valores éticos. Registrar o valor em uma etiqueta e colar na cena.

III. POSSO PENSAR POR MIM MESMO

O ser humano pode aprender
tudo o que precisa para viver cada vez melhor:
a falar para comunicar-se com os outros,
a perdoar para seguir adiante,
a chorar para desabafar...
Também pode descobrir o que é certo,
aprendendo com os próprios erros,
e, olhando as estrelas,
pode perceber como são infinitas
as possibilidades
do dom da inteligência.

Valor-chave:

Autonomia

1. GOSTO DE PENSAR

RECONHEÇO EM MIM CAPACIDADES QUE ME TORNAM UM SER INTELIGENTE, COMO O PENSAMENTO, A REFLEXÃO E A CONSCIÊNCIA DE SER UMA PESSOA.

Motivação: iniciar com um vídeo sobre o assunto e conversar sobre a mensagem do filme.

Aquecimento: fazer alguns exercícios de pensamento abstrato, adaptados ao nível dos participantes. Exemplo:

TRABALHO INDIVIDUAL: FANTASIA

Selecionar duas ou três frases das propostas a seguir e representar, por meio de desenhos ou símbolos, o que você faria para completá-las.

Depois, reunir-se com mais três colegas e comparar os trabalhos.

III. Posso pensar por mim mesmo 59

- A descoberta que desejo protagonizar ou assistir...

- O local que desejo conhecer...

- A paisagem que gostaria de pintar...

- A poesia que sonho escrever...

- A personagem que gostaria de representar...

QUESTIONÁRIO

1. Você é capaz de pensar o que quer? Por quê?

2. Gosta de buscar coisas novas? Por quê?

3. Já descobriu alguma coisa? O quê?

4. Já inventou alguma coisa? O quê?

5. Das coisas que aprendeu, de quais gosta mais?

TRABALHO INDIVIDUAL: INVENÇÃO

Pensar em um problema que afeta muitas pessoas, defini-lo bem e inventar uma máquina ou alguma coisa diferente, que ainda não exista, e que possa resolver esse problema.

Desenhar a máquina, mostrá-la aos colegas, explicar como funciona e de que maneira resolve o problema.

ATIVIDADE INDIVIDUAL

1. Leia o texto da página seguinte e explique o que significa a frase do livro dos Provérbios citada no texto.

2. Descreva duas situações que indicam que você age de modo inteligente.

3. Escreva dois atos que você pode praticar sem utilizar a inteligência.

4. Na sua opinião, o que se deve fazer para cultivar a inteligência?

LEITURA

PENSAMENTO E APRENDIZAGEM

Eu posso decidir por mim mesmo graças à minha mente. Os seres humanos têm um cérebro que lhes permite interpretar as coisas, compreender o que lêem, vêem ou fazem e distinguir o que lhes serve ou não.

Quando eu era criança, pensava de maneira espontânea e sem calcular as conseqüências. Fazia o que me vinha à mente. Não importava a hora ou a situação. Podia pensar que o cabo da vassoura era um cavalo e nele cavalgava pela sala, transformada em minha mente em uma verde pastagem.

A inteligência aumenta aos poucos. Agora conheço mais coisas. Com razão, o livro dos Provérbios diz: "Adquire a sabedoria; adquire a inteligência! " (cf. Pr 4, 5).

Nossa mente cresce com a experiência, com a prática, com o exercício da leitura, da memorização, da dedução, do discernimento etc.

A inteligência é indispensável para a aprendizagem. A pessoa deve aprender tudo aquilo de que precisa para ser cada vez mais humana. Nenhum outro ser no mundo é tão frágil e desprotegido ao nascer! As espécies inferiores vêm programadas para caminhar, comer, nadar ou voar, mas o ser humano precisa de alguém que o ensine a caminhar, a comer, a escrever, a pintar e, devido à mente e à convivência com os outros, aprende a fazer-se entender, a compreender e a ser pessoa.

A tarefa dos educadores deve centrar forças no ensinar a pensar, a refletir, a analisar e a ordenar o pensamento. Ensinar a pensar é ensinar a duvidar, a questionar, a dirigir-se aos outros, a fazer perguntas e a buscar soluções originais.

Ensinar a pensar é conciliar a compreensão com a aplicação prática. É buscar os aspectos positivos, negativos e interessantes das coisas. É deixar voar a imaginação para sonhar com o futuro. É interpretar e também desaprender esquemas que perderam sua validade no mundo de hoje.

III. Posso pensar por mim mesmo

COMPROMISSO

Definir o que vai fazer nesta semana para agir com inteligência.

Se eu quiser, posso aumentar minha inteligência a cada dia.

2. POSSO EXPRESSAR-ME COM CLAREZA

NADA MAIS CONFORTANTE DO QUE PODER COMUNICAR O QUE SE PENSA, O QUE SE SENTE E TAMBÉM O QUE ACONTECE.

JOGO: OS CUMPRIMENTOS

INSTRUÇÕES

1. Os participantes organizam-se em círculo, em pé, longe de móveis que dificultem os movimentos.

2. O coordenador dá um sinal para que os participantes se movimentem pelo espaço, em silêncio total, e cumprimentem os colegas mais distantes por meio da linguagem do corpo (gestos, sinais com as mãos, com os dedos, com os olhos...).

3. A um outro sinal do coordenador, todos passam a usar um segundo tipo de cumprimento: um aperto de mãos, em silêncio total, e movimentando-se.

4. A um novo sinal, todos passam a usar um outro cumprimento: partilham a maior emotividade e efusividade possíveis, dando-se as mãos, abraçando-se e falando, como se tivessem ficado muito tempo sem se encontrar.

III. Posso pensar por mim mesmo

PLENÁRIO

Partilhar as respostas às seguintes questões:

1. Como se sentiram durante o primeiro cumprimento?

2. E durante o segundo?

3. E no terceiro?

4. Quais as formas de expressão que utilizaram?

TRABALHO EM GRUPO

Pensar em uma mensagem para ser transmitida ao grupo todo e expressá-la em forma de desenho, cartaz, mímica ou dramatização.

Combinar o momento de apresentar o trabalho.

LEITURA

A LINGUAGEM

Como seres humanos possuímos muitas qualidades que devem ser valorizadas. Uma delas é a linguagem, a maravilhosa virtude da expressão. Maravilhosa porque dela necessitamos para expressar nossas emoções, sentimentos, desejos, pensamentos, exigências, interesses, conhecimentos e desgostos, entre outros.

Às vezes, nós nos expressamos de forma não-verbal, um modo saudável e que em muitos casos torna-se alívio para o espírito. É assim quando choramos, rimos, gememos, gritamos ou fazemos gestos com o corpo, com o rosto, os olhos, as sobrancelhas. Ou quando ficamos em um silêncio acompanhado de inúmeros sinais inconscientes, como suar ou sentir frio, a maneira de respirar e as variações da cor da pele, ficando pálidos ou ruborizados.

As pesquisas relacionadas à linguagem não-verbal mostram que nove décimos da nossa linguagem são expressos de forma não-verbal e apenas um décimo por meio de palavras. A palavra, porém, é muito importante e indispensável para a boa compreensão do que se comunica.

A boa comunicação exige presença; só podemos comunicar alguma coisa se houver presença. Normalmente, uma pessoa não inicia uma conversa se seu interlocutor não estiver presente de alguma forma ou do outro lado da linha. Somente quem brinca ou dá trotes é que telefona e, quando alguém atende, desliga. Mas, quando se deseja estabelecer comunicação de fato, é preciso a presença, que nada mais é do que "estar atento" para o outro.

Nesse sentido, a comunicação exige um conteúdo carregado de sinceridade e de respeito, procurando harmonia entre a linguagem não verbal e a verbal. E devemos nos esforçar para que nossas expressões estejam sempre carregadas de clareza.

EXERCÍCIO

Cada participante redige ao menos cinco perguntas baseadas no texto "A linguagem" e no jogo dos cumprimentos.

Trocar as perguntas com algum colega e respondê-las.

Em subgrupos espontâneos, partilhar perguntas e respostas.

COMPROMISSO

Definir como você poderia se expressar para manter um bom relacionamento com seus colegas.

3. POSSO SER AUTÊNTICO

VOU ESFORÇAR-ME PARA SER EU MESMA, NÃO SER CÓPIA DE NINGUÉM, POIS SÓ O AUTÊNTICO É VERDADEIRO.

TRABALHO EM GRUPO: DRAMATIZAÇÃO

Organizar-se em subgrupos para combinar dramatizações sobre os seguintes temas:

- Papai e mamãe.
- A aula do professor Rodrigo.
- Jovens que saem para se divertir.
- Rapazes que saem em excursão.
- Outro tema.

Preparar as dramatizações e apresentá-las.

DIÁLOGO DIRIGIDO

Perguntas para os espectadores:

1. Do que mais gostaram? (Do conteúdo, da forma, das imitações...)
2. As atuações foram fiéis aos personagens? Respeitosas? Autênticas?
3. A expressão dos atores permitiu a autenticidade?

Perguntas para os atores:

1. O que fizeram foi uma imitação? Por quê?
2. Como se sentiram?
3. O que é mais fácil, imitar ou fazer uma auto-apresentação?

Perguntas para todos:

1. Quando um ato é autêntico?
2. Quando uma pessoa é autêntica?
3. Por que há jovens que imitam personagens?
4. Quais os personagens mais imitados em nosso meio? Por quê?
5. O que é mais imitado?
6. Por que isso acontece?

LEITURA

AUTENTICIDADE

Um renomado especialista do comportamento humano, o psicólogo Carl Rogers, afirma: "A principal alienação do ser humano consiste em não ser fiel a si mesmo [...] para conservar a atenção positiva dos outros, o ser humano é capaz de falsificar sua experiência, de percebê-la apenas de acordo com a importância dada pelos outros"[4].

[4.] ROGERS, Carl. *Sobre o poder pessoal*. 3ª. ed. São Paulo, Martins Fontes, 1989.

Essas afirmações nos levam a concluir que hoje em dia vivemos em uma sociedade cheia de hipocrisia. Para agradar aos outros, esquecemos a sinceridade. Perdemos a autenticidade por vivermos de acordo com modelos e padrões externos. Para assumir valores alheios, esquecemos os próprios.

Somos herdeiros de um regime autoritário, que nos ensinou a temer a verdade por medo do castigo.

Na escola, o estudante tem dificuldade para viver e assumir seus valores; perde a confiança em sua capacidade só para agradar seu professor.

Nas famílias, pode acontecer de o filho, diante do poder dos pais, perder a identidade e reprimir suas iniciativas.

Na empresa, um funcionário pode assumir uma tarefa desconhecida, por medo de ser considerado incapaz ou por falta de sinceridade e de coragem para dizer que não sabe.

Nos grupos, para conseguir aceitação, em geral faz-se o mesmo que a maioria, mesmo que seja inconveniente ou cause transtornos. E às vezes assumem-se compromissos econômicos impossíveis de se pagar, para não ficar mal diante de vizinhos ou "amigos".

Assim, por guardar as aparências sociais, acaba-se por fazer o que não se deseja e a desejar o que não é necessário.

Para ser autêntico é preciso conseguir harmonia e comunicação com todo seu ser, manter-se fiel às convicções, praticar o que se prega, viver no dia-a-dia o que se anuncia com a palavra.

Ser autêntico é ser verdadeiro, é conhecer aquilo que se ama, amar aquilo que se faz, saber aquilo que se faz e fazer aquilo que se ama.

Afinal, ser autêntico significa estar de bem consigo mesmo.

EXERCÍCIO INDIVIDUAL

Analisar a mensagem destes quadrinhos e responder às questões abaixo.

1. Existe interesse em ser realmente o que se é capaz de ser?
2. Você pode afirmar que é autêntico? Por quê?

COMPROMISSO

1. Tome por si mesmo a decisão de ser ou não autêntico. A decisão é sua. Como fará?
2. Preparar, para a oficina "Posso ser criativo", sucatas de diversos tipos, mais material para fazer montagens, como tesoura, cola, fita adesiva, marcadores coloridos etc.

4. POSSO SER CRIATIVO

ATIVIDADE EM GRUPO: CRIAÇÃO

1. Reunir o material solicitado na oficina "Posso ser autêntico".
2. Depositar o material no centro da sala.
3. Todos os participantes organizam-se em círculo.
4. A tarefa é criar uma obra com os materiais disponíveis.
5. Promover uma exposição dos trabalhos.
6. Proporcionar interpretações espontâneas sobre a criação.

DIÁLOGO DIRIGIDO

- Além dos materiais, o que mais você utilizou para fazer a obra?
- Como pensou nela? Por quê? Para quê?
- Qual o significado dessa criação para você?

LEITURA

CRIATIVIDADE

A criatividade é, basicamente, a capacidade de resolver problemas, levantar perguntas pouco comuns e buscar respostas; é acreditar em si mesmo, nas próprias capacidades e potencialidades.

Ser criativo é pensar e ter capacidade de se expressar de diferentes maneiras. Também é assumir uma atitude positiva diante da vida, ser otimista, acreditar que os sonhos são possíveis.

Para ser criativo é preciso ter mente aberta, flexível diante das idéias dos outros, ainda que pareçam absurdas, estranhas ou até mesmo tolas.

Ser criativo é ser autêntico, é ser sincero consigo mesmo para expressar, com espontaneidade, naturalidade e simplicidade, toda a sua riqueza interior. Significa ter a disponibilidade suficiente para encarar os obstáculos não como problemas, mas como oportunidades para gerar novas idéias, novas obras, novos caminhos.

Ser criativo é ter a mentalidade e o comportamento de uma criança curiosa diante do brinquedo novo, que o desmonta para descobrir o que há dentro dele e depois chora porque não consegue montá-lo.

Ser criativo é "recordar o futuro", em vez de lembrar o passado com saudade.

Ser criativo é perguntar-se constantemente: Por que isto? Para que esta disciplina? É este o único caminho para resolver o problema? Por que me ensinam isto? Por que sou assim? Qual o sentido de minha vida? Por que nasci? Para que estou neste mundo? Há vida em outros planetas? O ser humano poderá viver no fundo do mar? Para que existem as baratas? Como curar a Aids?...

Ser criativo é não acreditar em horóscopo, nem em cartas de baralho ou adivinhos, mas no esforço constante de busca de alternativas. É pôr a própria inteligência para funcionar com todos os dados armazenados na memória, mais a força da imaginação e a ousadia da iniciativa.

Ser criativo é sentir-se jovem, sempre com ânimo, pois essa capacidade humana só acaba com a morte. É acreditar em si mesmo, pois só quem acredita em si mesmo pode criar para os demais.

Ser criativo é saber que as idéias movem o mundo, que os fatos de hoje foram antes idéias pouco comuns. Afinal, o que foi a viagem à Lua senão uma realização da idéia de ficção de Júlio Verne, que nunca fez uma viagem espacial?

QUESTIONÁRIO

1. Como o tempo livre pode influenciar a criatividade?

2. Na infância, que fatores contribuem para atrofiar a criatividade?

3. Como o invento da eletricidade contribuiu para a criatividade?

4. Como poderia ser uma aula de criatividade:
   — em um jardim-de-infância;
   — em um colégio;
   — em uma universidade.

PLENÁRIO

Partilhar as respostas e trocar idéias a respeito.

COMPROMISSO

Definir o que você pode fazer para adotar uma atitude mais criativa diante da vida.

III. Posso pensar por mim mesmo

5. SEI O QUE FAÇO

EXERCÍCIO INDIVIDUAL

Observar atentamente os quadrinhos, e responder por escrito às questões da página seguinte.

1. Quais são os personagens da historinha?

2. Qual o problema apresentado?

3. Quais são as características do personagem que apresenta o problema?

4. Há casos parecidos no meio onde você vive?

LEITURA

CONSCIÊNCIA

Ser consciente é estar em comunhão consigo mesmo, e para isso é indispensável o encontro interior e transcendente com uma voz que lhe diz que você existe, está presente, e é uma pessoa.

Ser consciente é fazer silêncio, é calar as vozes barulhentas do mundo para ouvir aquela voz que aponta o caminho do que deve ser, especialmente aquela que lhe diz para ser gente, para ser pessoa em toda a extensão do termo.

A consciência é uma mãe terna que sempre acompanha a pessoa para que se mantenha acordada, para que nunca esqueça que existe como espécie humana responsável pelo que faz ou pelo que deixa de fazer, pelo que diz ou cala, pelo que deseja ou rejeita. Mãe amorosa que quer o melhor para seu filho, que o mantém alerta para que ele não se machuque arruinando sua mente com bebidas alcoólicas ou substâncias estranhas para o organismo, como maconha, cocaína, alucinógenos, nicotina e outras, infelizmente tão comuns nos dias de hoje.

Arruinar a mente repercute de maneira negativa na consciência. Esta pode tornar-se fraca e não agir, ou pode tornar-se frágil como conseqüência das constantes ações contrárias ao que ela pede. Desse modo, a pessoa acaba agindo sem identidade, sem autenticidade, negando-se a si mesma, cometendo faltas contra os outros e contra si mesma, como um ser inconsciente e irresponsável.

Toda pessoa necessita de uma consciência saudável, alerta e correta para enfrentar seus compromissos, para não esquecer as obrigações, para ser fiel

III. Posso pensar por mim mesmo 75

ao momento presente, para estar mental e emocionalmente no lugar onde está seu corpo.

A ética começa precisamente em uma tomada de consciência pessoal e social para cumprir o dever de responder por si mesmo e de contribuir com o mundo que foi colocado em suas mãos para que você o administre.

A CONSCIÊNCIA VIVA, ALERTA, É NECESSÁRIA PARA ATUAR CORRETAMENTE EM NOSSO MUNDO.

QUESTIONÁRIO

1. Você está consciente de suas obrigações como estudante? Por quê?
2. E de suas obrigações como filho? Por quê?
3. Está consciente de suas qualidades e virtudes? Por quê?
4. E de suas responsabilidades com o mundo?
5. Você pode afirmar que, neste momento, está totalmente presente aqui? Explique.

PLENÁRIO

Partilhar as respostas ao questionário anterior e às questões do exercício sobre a história em quadrinhos.

PARA CASA

Escrever uma história contando como alguém, por não estar totalmente presente e concentrado naquilo que fazia, sofreu graves conseqüências. Ilustrar a história com desenhos ou colagens.

COMPROMISSO

Assumir uma atitude que amplie a sua consciência.

IV. TENHO UMA HISTÓRIA

Todo ser humano tem uma história própria,
que pertence somente a ele.
Por isso, é forte seu desejo de viver
de acordo com sua consciência e aspirações.
Conquistar essa autonomia em tomar decisões
e vivenciar a liberdade
são seu grande desafio
e a sua maior responsabilidade.

Valor-chave:

Individualidade

1. SOU PARECIDO APENAS COMIGO MESMO

TRABALHO INDIVIDUAL

1. Entrevistar dez participantes do grupo de estudos e organizar um quadro de resultados. Modelo:

NOMES	DO QUE MAIS GOSTA EM SEU FÍSICO?	SE PUDESSE DESEJAR ALGO, O QUE SERIA?	DO QUE MENOS GOSTA EM SUA MANEIRA DE SER?	COMO SÃO SEUS PAIS?

2. Redigir, em quinze linhas, o resultado da entrevista.

3. Apontar as diferenças nas respostas e tirar uma conclusão.

DISCUSSÃO EM GRUPO

Partilhar os resultados da entrevista e discutir as questões abaixo.

1. É possível afirmar que o ser humano é único? Por quê?

2. As pessoas são únicas? Como explicar isso?

3. Há muitas diferenças físicas entre os membros deste grupo?

4. Essas diferenças fazem as pessoas melhores ou piores?

5. Por que as pessoas tomam decisões diferentes?

LEITURA

O VALOR DA DIFERENÇA

Realmente, o mundo seria uma chatice se todos os seres humanos fossem idênticos, se tudo ocorresse de uma única forma. A variedade traz a beleza, a arte, a criatividade, a alegria.

O que seria de nós se todos gostássemos do mesmo local para fazer excursões, do mesmo clima, da mesma moda, da mesma idéia? Não haveria motivos para dialogar nem discutir; não haveria propostas para preparar; os desejos seriam os mesmos.

Se fôssemos iguais, choraríamos pela mesma coisa e seria difícil confrontar o riso e o pranto, o amor e a rejeição, o homem e a mulher.

Se todos fôssemos iguais, onde ficariam a criatividade, a autonomia, a identidade? E a capacidade individual de decidir, de ter opções diferentes, de ser livre?

É precisamente porque cada um se parece apenas consigo mesmo que podemos falar em direitos, limites, responsabilidades e deveres. De outra forma, provavelmente estaríamos programados sem autonomia, vítimas de ordens unificadas.

Porém, o fato é que somos diferentes: sentimos de forma diferente e, ao nos encontrarmos, nos apoiamos. Temos idéias que podem ser discutidas e as confrontamos, procuramos acordos e nos respeitamos. Realizamos obras diferentes e, ao partilhá-las, nos enriquecemos. Somos homens e mulheres que, ao se relacionarem, complementam-se e crescem.

Há diversidade de etnias, religiões, idiomas, costumes e organização social. Além disso, cada pessoa tem sua própria história e, no mais profundo do seu ser, há um desejo de liberdade, de tomar decisões para orientar sua vida de acordo com sua consciência, seus desejos e aspirações. No entanto, uma grande responsabilidade tomar decisões independentes, parecidas consigo mesmo.

Porque somos diferentes vivemos desacordos e conflitos que requerem a prática do respeito, além da tolerância, indulgência, e interdependência. É por isso que temos valores para fortalecer, falhas para corrigir, direitos a fazer cumprir e respeitar, e a grande tarefa de nos construirmos como pessoa e aperfeiçoar o mundo.

QUESTIONÁRIO

1. Que diferenças existem em sua região?

2. De que modo se repetem ou não tais diferenças?

3. Que classe de pessoas são as mais agredidas em seu país?

4. Como você explica esta frase: "Porque somos diferentes, temos direitos a um tratamento igual"?

5. Quais são as causas do desrespeito pelas diferenças?

6. Quais são as conseqüências?

IV. Tenho uma história

PLENÁRIO

Avaliação do questionário.

COMPROMISSO

Definir uma ação concreta que pode assumir para respeitar os companheiros em suas diferenças.

> **PARA REFLETIR**
>
> Ser vendedor de frutas ou gerente,
> ser casado ou solteiro,
> estar na frente ou no fim da fila,
> ser anão, gigante, negro ou branco,
> vir de outro país ou ser nativo,
> ser professor ou aluno
> não nos torna melhores nem piores;
> simplesmente nos faz diferentes.

2. QUERO LIBERDADE PARA CRESCER

LEVANTAMENTO DE HIPÓTESES

Individualmente: desenhar, em uma folha de papel, uma figura que represente a liberdade.

Em grupo: organizados em círculo, solicitar que os colegas interpretem o trabalho. Depois, dar a própria versão.

À medida que forem expressos os conceitos de liberdade, registrá-los na lousa ou em uma cartolina.

Escutar com respeito e tolerância as opiniões dos colegas. No final, todos elegem frase que exprime melhor o que é liberdade.

IV. Tenho uma história

ANÁLISE EM GRUPOS DE TRÊS

Estudar o caso a seguir e redigir uma conclusão de consenso.

Era uma vez uma criança que estava aprendendo a falar.

Cada vez que alguém perguntava alguma coisa à criança, o pai respondia por ela.

— Não fale — dizia o pai —, pois vão rir de você. Quando aprender a falar, poderá dizer o que quiser.

— Quantos anos você tem?

A criança ficava quieta.

— Tem quatro anos — respondia o pai.

Assim passaram-se os anos.

— Quantos anos você tem? — perguntaram-lhe novamente.

— Sete anos — respondia o pai.

Quando, enfim, a criança fez dez anos, o pai lhe disse:

— A partir de hoje, você pode responder; já tem idade para isso.

— Quantos anos você tem? — perguntaram-lhe.

E o menino não respondia.

Uma vez e mais outra lhe perguntaram alguma coisa, e o menino não respondia.

— Por que não responde, filho? — perguntou o pai.

O menino não respondeu. Ainda não havia aprendido a falar.[5]

---

[5] FRANCIA, Alfonso. *Documentos vivos para educadores.* Madrid, Central Catequística Salesiana, Campillo Nevado, 1982. Doc. nº. 114.

LEITURA

LIBERDADE

A liberdade é uma das características importantes de todo ser humano. Porque temos inteligência, podemos escolher, questionar, buscar soluções, entrar em dificuldades e sair delas. Podemos tomar decisões sobre nós mesmos, para mudar. Também podemos decidir levantar cedo para estudar e podemos escolher um programa de televisão que acrescente algo positivo para nossa formação.

A liberdade é uma faculdade própria da pessoa e, por isso, um direito fundamental. Ser livre não é apenas não sofrer pressões; é ter a capacidade de aceitar ou de rejeitar, de dar ou receber, de influenciar os outros ou deixar-se influenciar, de superar as dificuldades ou deixar-se vencer por elas.

"Livre é a pessoa que não é comandada", "Gosto de ter liberdade para ter amigos e amigas" — são afirmações de jovens adolescentes, que exigem autonomia para coisas simples, como libertar-se do controle excessivo de pais ou professores.

A criança e o jovem desejam cortar os laços que os prendem à família e aos seres socializadores que os rodeiam para sentirem-se livres e expressarem sua independência e individualidade. Desejam que lhes permitam organizar as coisas por sua conta, tomar suas próprias decisões. Liberdade e autonomia se identificam, pois significam a aceitação de uma disciplina que o indivíduo impõe a si mesmo. Sem dúvida, é melhor exigir algo de si do que esperar que seja imposto por outros.

A liberdade deve ter um verdadeiro sentido de responsabilidade. Do contrário, converte-se em libertinagem, desordem e desleixo. Não há responsabilidade se não existir liberdade de escolha. A liberdade não briga com a obediência, nem se opõe à autoridade e à ordem.

"Gosto de ter liberdade para conhecer mais, para não me aborrecer e para adquirir mais responsabilidade", dizia um jovem estudante. É uma ótima expressão de um menor de idade que deseja decidir e que quer fazer aquilo

IV. Tenho uma história

que os outros não devem fazer por ele, pois tomar decisões é próprio de cada pessoa, não dos outros que querem submeter e dominar. Ele quer ser responsável e acredita que o conseguirá, se confiarem nele.

A confiança é necessária tanto no nível familiar quanto no escolar. É necessário mais acompanhamento e menos vigilância, mais idéias para ajudar a decidir e deixar decidir. Todos precisam se empenhar para conseguir um novo tipo de liberdade, capaz de permitir, a nós e aos outros, a plena realização do eu individual, a liberdade que permite crescer.

COMPARAÇÃO

1. Em grupos de três: quais das afirmações abaixo correspondem ao verdadeiro sentido de responsabilidade e quais não correspondem? Por quê?

   - "Desejo que não me chateiem tanto na vida; que me deixem em paz."

   - "Não consegui que me deixassem sair a cada sete dias para me divertir".

   - "O que mais desejo é que minha mãe me dê um pouco de liberdade."

   - "Bem que gostaria de ter um terço da liberdade que outras moças da minha idade têm".

   - "Gosto de ser mais livre, para ir aonde quiser e gostar."

   - "A liberdade é ótima, divertida, mas para gozar a vida."

   - "Quero completar 18 anos para ser livre."

2. Em plenário: comparar as opiniões dos grupos.

VERIFICAÇÃO EM DUPLAS

Tendo em mente o verdadeiro sentido da liberdade, continuar a seguinte corrente de conseqüências, até chegar a uma conclusão.

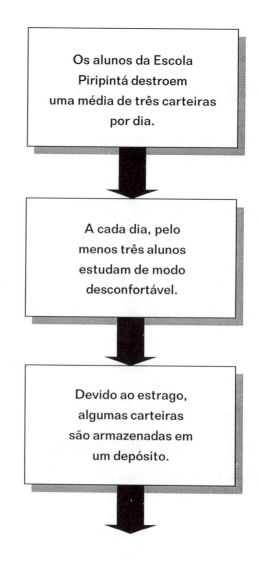

IV. Tenho uma história

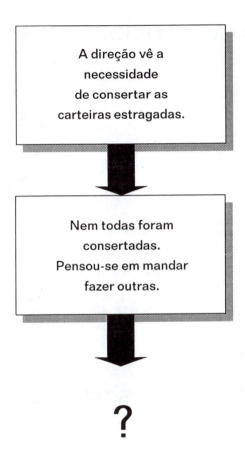

PLENÁRIO

Partilhar o resultado do trabalho em duplas.

COMPROMISSO

Tomar uma decisão sobre como comportar-se para contribuir com o bem-estar do grupo.

3. ENVOLVO-ME EM PROBLEMAS

SE FÔSSEMOS MAIS TOLERANTES COM AS DIFERENÇAS, EVITARÍAMOS MUITOS PROBLEMAS.

JOGO: PROCURANDO PROBLEMAS

INSTRUÇÕES

1. Cada participante deve ter meia folha de papel sulfite.

2. Escrever na folha um comentário real e concreto sobre algum fato visto, escutado ou realizado, sem dar qualquer opinião ou qualificação.
Por exemplo: Laura chegou atrasada. Lilian gritou na sala de aula. No banheiro li uns palavrões pesados.

3. Cada um lê o que escreveu.

4. O grupo todo classifica os papéis em duas colunas: aqueles que contêm um verdadeiro problema e aqueles que não contêm. Justificar. Essas colunas podem ser organizadas no chão, na lousa ou em alguma parede que seja possível usar.

5. Depois, classificar os problemas de acordo com valores ponderados pelos participantes e identificá-los com uma ficha.

Exemplo:

6. Trabalhar em subgrupos os problemas de cada coluna, identificando as possíveis causas e conseqüências.

7. Cada subgrupo apresenta um relatório ressaltando os motivos pelos quais ocorreram aqueles problemas.

EXERCÍCIO INDIVIDUAL

Completar as frases no caderno:

1. Você se envolve em problemas quando...

2. O problema que mais lhe afeta é...

3. Briga em casa quando...

4. Briga com os colegas quando...

5. Quando briga sente...

AUTO-AVALIAÇÃO

Partilhar a execução do exercício em subgrupos espontâneos.

LEITURA

O CONFLITO

Ser diferente implica numerosas divergências tanto em nossos relacionamentos, como em atitudes, valores, opiniões, gostos, interesses etc.

Às vezes, essas diferenças geram atritos e temos problemas com a família, as pessoas, as instituições ou as autoridades.

Criar problemas é gerar conflitos.

O conflito é uma distorção das relações, é sentir-se mal com os outros ou consigo mesmo, é pensar que a única saída é a ruptura, a demissão do outro ou a briga. O conflito pode ter várias motivações: falamos de modo irresponsável, não pensamos no que dizemos, utilizamos palavras inadequadas ou fazemos gestos ofensivos; não somos objetivos e ofendemos o outro.

Nós fazemos o que prejudica o nosso próprio bem-estar e o dos outros quando deixamos de:

- falar com sinceridade e verdade;
- escutar com atenção, distorcendo o que nos dizem;
- permitir que o outro chegue até nós para convidar-nos à mudança;
- reconhecer o que o outro tem de bom;
- apresentar alternativas ou seja: quando surgem atritos ou choques, simplesmente nos viramos e vamos embora;
- ter interesse em entrar em acordo;
- evitar que o mau-humor, a raiva, a inveja ou o desespero nos dominem.

Temos problemas e brigamos porque não somos tolerantes com a diferença, porque não respeitamos o limite do direito nem o da liberdade.

IV. Tenho uma história

Temos problemas porque achamos que sabemos tudo, que somos auto-suficientes, insubstituíveis ou simplesmente porque somos vítimas do instinto agressivo.

Não esqueçamos, porém, que somos humanos, que temos inteligência; por isso podemos pensar, buscar saídas, acordos, reconciliação e perdão para nós e para os demais.

TRABALHO INDIVIDUAL

- Redigir um discurso de vinte linhas, com o título: "Como viver sem problemas".

- Ler o discurso, para o grupo.

- Ouvir as opiniões do grupo com respeito e tolerância.

COMPROMISSO

Adotar valores éticos que ajudem a manter boas relações no grupo.

4. AS CRISES ME AJUDAM A CRESCER

LEITURA DIRIGIDA

Ler o texto a seguir com bastante atenção.

Depois, responder por escrito às questões da interpretação.

QUE CONFUSÃO!

Quem sou eu?

Quem sou eu realmente quando quero estar em um local apenas porque os outros estão, usar uma roupa porque está na moda, repetir as palavras que a turma diz?

Quem sou quando quero ser parecido com um ator de televisão ou um personagem de filme?

IV. Tenho uma história   93

Quem sou quando quero dançar como Luís Henrique, que dança igual a João Manuel, que dança como Andréia, que dança igualzinho a Tiago, que dança como eu?

Quem sou quando minha mãe diz que só me envolvo em problemas? Porque não faço como o filho do senhor Mário que tem mais juízo, estuda e não se envolve em problemas?

Quem sou quando meu pai diz que devo ter cuidado para não andar com o filho do senhor Mário, pois o pai "bebe todas"?

Quem sou quando me dizem de um lado que tenha cuidado com "A" e de outro que tenha cuidado com "B"?

Quem sou quando meu irmão me diz que sou um excelente ator, pois vivo parecendo o que não sou?

Quem sou quando meu melhor amigo me chama de "Pelé" porque tenho um bom toque de bola, Juliana me chama de "Rocky" pelos músculos dos meus braços, minha tia Glória me chama de "Elvis" pelo penteado que uso? Quem sou quando tenho tão pouco de mim e tanto de outros que mal conheço? Que confusão!

INTERPRETAÇÃO

1. Que características apresenta o jovem desse relato?

2. Que outras características apresentam jovens como ele, em circunstâncias parecidas?

3. Na sua opinião, qual é o problema principal desse jovem?

4. Por que os problemas acontecem com ele?

5. Que outras perguntas você faria para interpretar esse texto?

DISCUSSÃO EM GRUPO

Comparar as respostas e conversar a respeito, ampliando o assunto.

LEITURA

CRISE DE IDENTIDADE

A identidade de uma pessoa é dada por todas as suas características e elementos que lhe permitem estabelecer, sem dúvida alguma, que é o indivíduo que diz ou presume ser...

Quando um jovem sofre uma crise, sente-se confuso, percebe que tem uma grande complicação. Não está tranqüilo nem contente, e deve tomar outro rumo.

Essas crises internas têm a ver com a busca de identidade, com o definir-se de uma vez por todas, com o encontrar-se.

Um jovem escritor, de 19 anos, disse, certa vez:

IV. Tenho uma história   95

"Vivia aparentando o que não era; soube que tinha um problema quando escutava música ou assistia aos vídeos da Madonna. Ela é meu ídolo, mas procurava não imitá-la, por medo de acabar despindo-me no salão, sem saber por que o fazia.

Esse era o problema, gritar uma atitude que você diz ser sua, mas, quando perguntam qual a razão de seu ser, não sabe responder; o motivo é simples: eu não vivi essa atitude, não a sinto nem a compreendo, pois é copiada; porque estou procurando que me compreendam e depois me expliquem como sou, para ver se consigo me entender".

A busca de si mesmo é uma crise que ajuda a crescer se a pessoa aprender com sua vivência e com as experiências dos outros. Quando modelar seu próprio caráter, falar com sua voz, dizendo o que pensa e sente, sem imitar ninguém, então, definitivamente, vai preferir ser ela mesma.

As crises são momentos difíceis que, se forem enfrentados com vontade e otimismo, ajudam a polir a personalidade. O que é difícil desafia a busca de soluções. Se as crises não existissem, não teríamos estímulo para evoluir.

As crises são parte da vida humana e devem ser superadas para que possamos sobreviver, aprender com elas e, assim, atingir a auto-realização.

Uma crise de identidade pode até significar o ponto final de um comportamento, mas, por outro lado, sempre será o início de uma vida mais saudável.

PLENÁRIO

Analisar o conteúdo do texto de leitura, procurando relacionar exemplos de conseqüências positivas da crise de identidade.

COMPROMISSO

Definir um modo de canalizar as crises para fortalecer o caráter e melhorar como pessoa.

V. TENHO DIREITOS

Quando uma pessoa sabe
quais são seus direitos,
aprende a defendê-los
e a descobrir até onde deve ir no exercício deles.
Quando sabe quais são os seus deveres,
tem condições de exercê-los com sabedoria,
firmeza e tranqüilidade.

Valor-chave:

Igualdade

1. AS NAÇÕES DO MUNDO PENSARAM EM MIM

TRABALHO INDIVIDUAL

- Ler com atenção.
- Desenhar uma ilustração para cada direito da criança que se encontra no texto a seguir. Depois, apresentar seus desenhos para todos conhecerem.

LEITURA

DIREITOS DA CRIANÇA

Os Direitos Humanos são normas universais e de cumprimento obrigatório para todas as pessoas do mundo. Há, porém, grupos que, devido a suas características, estão mais expostos à violação de seus direitos. Esses grupos são chamados de vulneráveis pelas Nações Unidas. Entre eles estão as crianças. Desde 1959, adotou-se a Declaração dos Direitos da Criança, para ajudar a todos os menores do mundo a ter oportunidade de crescer e desenvolver-se.

1. Todas as crianças do mundo têm os direitos aqui indicados, independentemente de raça, cor, sexo, idioma, religião, opinião política ou de outro tipo, do local de nascimento ou de quem sejam seus pais.

2. Direito especial para crescer de forma saudável e normal, livre e com dignidade.

3. Direito a ter um nome e um país.

4. Direito à boa alimentação, moradia e atendimento médico.

5. Direito à atenção especial, se tiver qualquer espécie de limitação.

6. Direito ao amor e à compreensão, de preferência dos pais, ou do governo, se não tiver pais.

7. Direito a freqüentar a escola gratuitamente, a brincar e gozar de igual oportunidade para ser e chegar a ser o que quiser, para aprender a ser responsável e útil à sociedade.

8. Direito a sempre receber ajuda em primeiro lugar.

9. Direito à proteção para que não sofra danos nem para que trabalhe enquanto for menor de idade.

10. Direito a ser educada sob o princípio de que os países devem ser amigos e de que a paz é muito importante. Nada deve fomentar-lhe a idéia de que é inferior ou superior a seus semelhantes.

ATIVIDADE EM GRUPO

Reunir-se com dois ou três colegas para analisar a seguinte história, ocorrida na Colômbia.

Depois, responder ao questionário.

Alguns anos atrás, um morador da periferia de Bogotá apresentou uma denúncia no escritório do Instituto Colombiano do Bem-Estar Familiar.

Tratava-se do caso de uma criança que há muitos anos estava amarrada dentro de um caixote, na casa vizinha à do senhor que fez a denúncia.

No endereço indicado, as autoridades encontraram uma menina de cerca de doze anos de idade, dormindo como um gato, em um caixote de madeira.

A menina ficou surpresa e assustada com a estranha visita. Parecia que nunca havia visto várias pessoas juntas.

Assustada como um gato diante de um enorme cachorro, a criança, que não sabia falar, emitiu sons, gritos e berros. As autoridades tentavam acalmá-la para levá-la a um centro de recuperação.

A menina passou por especialistas de diversas áreas do conhecimento humano. Descobriram que, além de não saber falar, não era capaz de levantar-se, não sabia comer como gente — caminhava, comia e, de modo geral, comportava-se como um gato.

Realizaram-se campanhas em nível nacional, para conseguir fundos e pagar o tratamento dela, que era muito caro. Afinal, tratava-se de recuperar uma pessoa e conseguir que se comportasse como um ser humano.

Infelizmente, apesar dos esforços de muitas pessoas e da colaboração de institutos e de especialistas, o organismo da menina rejeitava os tratamentos. Ela era incapaz de ajudar-se. Não sabia quem era. Seu modelo era um gato.

V. Tenho direitos

Depois de vários meses, a menina morreu.

O que aconteceu com a mãe dela? Foi detida para interrogatório e nunca mais se falou dela.

QUESTIONÁRIO

1. Por que a menina não sabia se levantar como uma pessoa?

2. Por que não sabia comer nem falar como os seres humanos?

3. Quais, dos dez Direitos da Criança, foram violados no caso dessa menina?

4. O que você pensa da mãe dessa menina?

5. O que pensa da atitude do vizinho que denunciou o fato?

6. O que você pensa da atitude do Instituto Colombiano de Bem-Estar Familiar?

7. Você acredita que a menina não pôde resistir ao tratamento? Por quê?

PLENÁRIO

Partilhar as respostas e tirar conclusões.

COMPROMISSO

Definir o que você pode fazer para assumir, de forma responsável, os direitos da criança.

2. OS DIREITOS PROTEGEM MEUS VALORES

ATIVIDADE: DIREITOS E VALORES

1. Fazer uma lista, em uma coluna, dos direitos da criança.

2. Escrever em uma segunda coluna, ao lado do respectivo direito, qual o valor ou valores que protege. Exemplo:

DIREITOS	VALORES
1. São para todas as crianças, independentemente de raça, cor...	Igualdade
2. Crescer livre, com dignidade.	Liberdade, dignidade humana
3. Ter um nome e um país.	

3. Desenhar um cartaz de publicidade sobre um direito da criança. Pedir ajuda ao coordenador, se necessário.

4. Expor os cartazes para serem avaliados por todos.

V. Tenho direitos

LEITURA

OS DIREITOS DA CRIANÇA, DE ACORDO COM A CONVENÇÃO

A Convenção dos Direitos da Criança foi aprovada pela Assembléia Geral das Nações Unidas em 1989.

Essa Convenção é a norma internacional que consagra e protege os Direitos Humanos das Crianças do Mundo e contém os seguintes elementos:

Entende-se por criança todo menor de 18 anos.

Direitos de Provisão:

à sobrevivência: 5 artigos.
à família: 3 artigos.
ao desenvolvimento: 13 artigos.

Direitos de Proteção: 15 artigos

Direitos de Participação: 4 artigos

PARA CASA

Pesquisar o conteúdo dos artigos dessa Convenção e copiar o texto de pelo menos dois artigos.

COMPROMISSO

Definir uma forma de promover o direito que representou no cartaz de publicidade.

PLENÁRIO

- Avaliar as formas propostas na seção "Compromisso" e selecionar as mais adequadas para concretizar.

- Partilhar a pesquisa feita sobre os artigos da Convenção.

3. SE MEUS DIREITOS ESTÃO BEM, MEUS VALORES TAMBÉM ESTÃO

CINE-FÓRUM

- Assistir a um filme ou vídeo que aborde os bons ou os maus-tratos em relação aos menores.

- Elaborar dez perguntas, individualmente, baseadas no filme e à luz dos Direitos da Criança.

- Trocar os questionários com alguns colegas para responder às perguntas de modo recíproco.

- Fazer um círculo para socializar as respostas. Destacar exemplos de direitos e valores que foram atingidos ou totalmente desrespeitados.

LEITURA

ESTATUTO DA CRIANÇA E DO ADOLESCENTE

A 13 de julho de 1990 foi decretada pelo Congresso e sansionada pelo Presidente da República do Brasil, a lei n°. 8069 que reconhece e defende os direitos da Criança e do Adolescente, garantindo-lhes "pleno desenvolvimento físico, mental, espiritual e social" (Art. 3).

Em resumo são estes os seus direitos:

— à vida e à saúde

— à liberdade, ao respeito e à dignidade

— à convivência familiar e comunitária

— à educação, à cultura, ao esporte, ao lazer

— à profissionalização e à proteção no trabalho

A família, a comunidade, a sociedade e o governo devem tutelar pela vida da Criança e do Adolescente e isto quer dizer: dar-lhes alimentação, moradia, educação, esporte, lazer, profissão, cuidar de sua saúde etc. (Art. 4).

A Criança e o Adolescente, conforme a lei, têm prioridade absoluta no Brasil, portanto, devem ser os primeiros:

— a receber proteção e socorro;

— a ser atendidos nos órgãos públicos;

— nos projetos e execução das políticas sociais;

— a receber maior porcentagem de verba (Art. 4).

No Brasil vivem 40 milhões de crianças e adolescentes e muitos estão morrendo de fome, sem escola, sendo espancados, explorados, discriminados, presos, morando nas ruas ou em míseros barracos... E a lei diz que isso não pode acontecer (Art. 5).

As escolas ou outras instituições não podem fechar as portas a nenhuma criança, doente ou sadia, branca ou negra; os postos de saúde não podem se negar em atendê-las... É contra a lei (Art. 5).

106   ÉTICA: ARTE DE VIVER — A alegria de ser uma pessoa com dignidade

A Criança e o Adolescente têm direito à vida e à saúde, por isso, a criança deve encontrar condições dignas de nascimento e desenvolvimento sadio e harmonioso de seu ser (Art. 7).

Já antes de nascer a criança, na barriga da mãe, tem o direito de ir, de graça, ao médico, receber atendimento digno, orientação clara e, se precisar, até alimentação (Art. 8).

Os hospitais particulares ou públicos devem proceder a todos os exames para verificar a saúde do recém-nascido, assim como fornecer uma declaração do nascimento e manter ficha sobre sua situação de saúde (Art. 10).

A Criança e o Adolescente têm direitos à liberdade, especialmente nos seguintes aspectos:

— ir, vir e estar nos locais públicos e comunitários;

— opinião e expressão;

— crença e culto religioso;

— brincar, praticar esportes e divertir-se;

— participar da vida familiar, comunitária e política;

— quando precisar, buscar refúgio, auxílio e proteção (Art. 16).

Respeitar a Criança e o Adolescente quer dizer:

— não violar sua integridade física, psíquica e moral;

— preservar sua imagem, sua identidade, sua autonomia, seus valores, seus espaços e seus objetos pessoais (Art. 17).

A Criança e o Adolescente têm direito de ser criados e educados na sua família e por exceção numa família substituta (Art. 19). Se o problema for dinheiro, o governo e a sociedade deverão providenciar para que fiquem em sua família (Art. 23).

Está na Constituição: Todos os brasileiros e brasileiras têm o direito à educação gratuita, desde a creche e aos poucos até o 2º grau, com iguais condições de entrar e ficar na escola, de ser respeitados pelos educadores, podendo contestar a maneira das avaliações em entidades estudantis (Art. 53-59 e Const. Fed. 205-214).

V. Tenho direitos

A Criança e o Adolescente devem ter acesso a escola pública e gratuita próxima de sua residência.

Os pais podem participar também das decisões sobre a educação na escola (Art. 53).

O governo deve oferecer, sempre que necessário, o apoio de:
— material didático,
— alimentação,
— saúde,
— atendimento educacional especializado aos portadores de deficiência,
— ensino noturno para o adolescente trabalhador (Art. 54).

No processo educacional deverão ser respeitados os valores culturais, artísticos e históricos próprios do contexto social da criança e do adolescente (Art. 58).

A vida, a saúde, a educação e o lazer da Criança e do Adolescente não podem ser prejudicados pelo trabalho (Art. 67). É proibido o trabalho para menores de 14 anos, mas é permitido trabalho como aprendiz (Art. 60).

O trabalho do Adolescente terá sempre as garantias de:
— acesso e freqüência à escola,
— horários e atividades compatíveis com sua fase de desenvolvimento,
— direitos previdenciários e trabalhistas (Art. 63-65).

É proibido:
— o trabalho noturno, entre 22 e 5 horas,
— o trabalho perigoso e penoso,
— em lugares insalubres e prejudiciais,
— em horas que dificultem a escola (Art. 67).

É proibido fornecer à Criança ou ao Adolescente:
— armas,
— fogos,
— drogas,
— explosivos,
— álcool,
— revistas ou publicações impróprias (Art. 81).

"A Criança é a nossa mais rica matéria-prima. Abandoná-la a sua própria sorte ou desassisti-la em suas necessidades de proteção e amparo é crime de lesa-Pátria."(Tancredo Neves)*

TRABALHO INDIVIDUAL

Imaginar uma história sobre a vida de crianças que moram em um país onde se cumprem totalmente os direitos da criança. Redigir e apresentar a história.

---

* Fonte: *"Brasil criança, urgente". A lei 8069/90: O que é preciso saber sobre os novos Direitos da Criança e do Adolescente.* Rio de Janeiro, Saraiva, 1990.

PARA CASA

Pesquisar nomes de organizações ou entidades que protegem os direitos da criança. Anotar seus telefones e endereços.

COMPROMISSO

Assumir um comportamento de acordo com a frase:
"Quando meus direitos são respeitados, meus valores podem se desenvolver".

4. TENHO DEVERES COMO PESSOA

> ASSIM COMO ESPERO QUE RESPEITEM MEUS DIREITOS, DEVO RESPEITAR OS DIREITOS DOS OUTROS.

JOGO: DIREITOS E VALORES

MATERIAL

- Um quadro como o abaixo, com tamanho adequado para ser visto por todos os participantes.
- Um dado de bom tamanho.

DADOS	⚀	⚁	⚂	⚃	⚄	⚅
⚀	liberdade	igualdade	um nome	alimentação	moradia	saúde física
⚁	amor	compreensão	educação	ajuda	não ser explorado	paz
⚂	vida	sobrevivência	segurança social	ter pais	liberdade de religião	idioma
⚃	descanso	esporte	não ser discriminado	liberdade de expressão	liberdade de pensar	liberdade de associação
⚄	saúde mental	não ser maltratado	não sofrer abuso sexual	ter acesso à cultura	desenvolvimento harmônico	respeito a todos os direitos
⚅	não ser abandonado	ter família	prioridade de auxílio	não ser vendido	segurança física	não ser ocultado

V. Tenho direitos   111

REGRAS

- O quadro deve estar no centro da sala ou na parede em frente aos participantes.

- Pode-se jogar individualmente ou em grupos.

- A primeira vez que se joga o dado é para selecionar a coluna; a segunda vez, para escolher a linha. O tema assinalado será o que se encontra no cruzamento da coluna e da linha.

- Na terceira vez, joga-se o dado para escolher a pergunta sobre os temas que o participante deverá responder.

PERGUNTAS SOBRE OS TEMAS

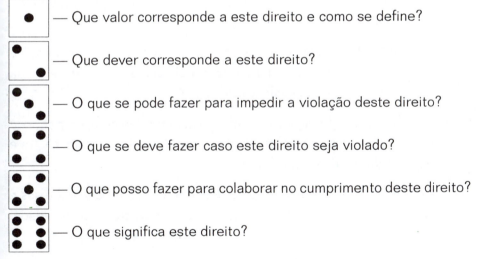

— Que valor corresponde a este direito e como se define?

— Que dever corresponde a este direito?

— O que se pode fazer para impedir a violação deste direito?

— O que se deve fazer caso este direito seja violado?

— O que posso fazer para colaborar no cumprimento deste direito?

— O que significa este direito?

PLENÁRIO

Avaliar o grau de participação no jogo "Direitos e valores".

Trocar comentários e premiar as conquistas.

LEITURA

SOMOS UMA GERAÇÃO COM DIREITOS E DEVERES

Somos uma geração com sorte, pois vivemos em uma época diferente da que viveram nossos pais e avós quando eram crianças.

Crescemos com a oportunidade de nos desenvolvermos protegidos pelas autoridades e pelos adultos, pois temos um ponto de referência, que são os nossos direitos; antes, eles não existiam.

Mas, em meio a essa situação de sorte, também temos nossos deveres — são as obrigações diante dos direitos dos outros, pois não estamos sozinhos no mundo.

Se temos direito à vida, evidentemente devemos cuidar dela e protegê-la, evitando o perigo e tomando as medidas necessárias de segurança quando praticamos esportes arriscados.

Se temos direito à liberdade de expressão, aqueles que nos escutam também o têm e devemos permitir-lhes falar quando chegar a vez deles; é nossa obrigação escutá-los com atenção e respeito.

Se temos direito à educação, devemos corresponder com empenho e responsabilidade às exigências envolvidas neste processo de formação que nos prepara para a vida de muitas formas.

Da mesma maneira, se temos direito a poder contar com pais amorosos e afetuosos, devemos respeitá-los e tratá-los com educação e cordialidade, mesmo que às vezes questionemos suas orientações e ensinamentos.

Resumindo, nossos direitos estão limitados pelos direitos dos outros, e aí começam nossos deveres. E isso é uma grande conquista, pois antes só havia deveres e obrigações.

TRABALHO EM GRUPO

1. Estudar o texto anterior e trocar opiniões a respeito.

2. Discutir em grupo a seguinte afirmação de Mahatma Gandhi:

   "A verdadeira fonte de todos os direitos é o dever; se todos cumprirmos nossos deveres, não buscaremos longe nossos direitos. Se, descuidando de nossos deveres, vamos atrás de nossos direitos, estes fugirão como fogo-fátuo. Quanto mais os perseguirmos, mais se afastarão"[6].

3. Trocar avaliações; cada grupo analisa o desempenho do outro.

COMPROMISSO

Definir uma atitude que pode assumir tendo em mente que o respeito aos direitos é recíproco.

---

[6] GANDHI, Mahatma. *Somos todos irmãos*; reflexões auto-biográficas. São Paulo, Paulus,1998.

VI. TENHO VISÃO DE FUTURO

Com o crescimento, a pessoa percebe que
ao nascer não era como uma folha em branco,
que veio ao mundo com diversos potenciais.
Agora está adquirindo valores
que lhe permitem se desenvolver,
que a impulsionam para atingir seu "acabamento",
definindo sua personalidade,
dando-lhe condições de ser uma pessoa mais culta,
respeitosa, cordial e amável; enfim,
tornando-a um ser humano melhor.

Valor-chave:

Responsabilidade

1. TENHO MUITAS OPORTUNIDADES

> ESTOU ME PREPARANDO PARA TER MELHORES OPORTUNIDADES.

ATIVIDADE: COMPARANDO OPORTUNIDADES

1. Montar um quadro que permita comparar as oportunidades de hoje com aquelas dos antepassados mais próximos.
   Pesquisar informações suficientes para completar dez linhas.

   Exemplo:

OPORTUNIDADES	ADULTOS	IDOSOS	GERAÇÃO ATUAL (EU)
viajar de carro	Sim, tive.	Não tive.	Sim, tenho.
ver TV em cores			
dialogar com os professores			
viajar de avião			
viajar de charrete			
trabalhar com computador			

2. Partilhar em subgrupos voluntários o resultado da pesquisa.

3. Contar algum caso curioso, que envolva o tema.

VI. Tenho visão de futuro 117

4. Estabelecer um diálogo sobre a autonomia dos jovens de hoje, respeitando as orientações do coordenador.

LEITURA

A OPORTUNIDADE EXISTE PARA QUEM ESTÁ PREPARADO

"É melhor estar preparado para uma oportunidade e não tê-la
do que ter uma oportunidade e não estar preparado."

(Whitney Young Jr.)

As crianças e os jovens de hoje contam com inúmeras vantagens que não existiam tempos atrás. Antes, havia um outro tipo de oportunidades, mas muito limitadas, se comparadas às de hoje.

A grande colaboração dos Direitos Humanos, e de modo especial dos Direitos da Criança, é de suma importância. É um fato transcendental para a infância e a juventude do mundo.

Saber desfrutar das oportunidades oferecidas por esses direitos é uma questão de responsabilidade diante da vida e do futuro.

Até pouco tempo atrás, as crianças eram desvalorizadas e desconsideradas. Hoje, sabemos que pensam, existem; têm um grau de autonomia, não total, pois vivem com outras pessoas e interagem pelo bem-estar de todos.

No entanto, o fato de serem únicas, diferentes e iguais em dignidade, dá a elas o direito de ser o que desejarem ser, de escolherem uma maneira de ser, mesmo que seja incompatível com aquilo que os outros desejam. Podem sentir, mesmo que seus sentimentos não sejam aprovados pelos demais. Podem decidir, pensar e agir de acordo com sua personalidade.

Ser independente significa ser capaz de decidir livremente sobre a vida, assumindo responsabilidades, reconhecendo os outros e adotando opiniões sem necessidade de controles injustificados. Ser autônomo é ser pessoa com elevado sentido de autodisciplina e de autocontrole.

Ser independente e fiel a essa responsabilidade é um novo desafio que o jovem pode enfrentar com otimismo e confiança se for motivado, se reconhecerem seus valores e suas potencialidades.

O jovem precisa mais do que de alguns direitos escritos em documentos oficiais; precisa de incentivos que façam com que ele se sinta importante e feliz na sociedade.

Nesse sentido, Wayne Dyer diz: "Quando a auto-estima de uma criança melhora, constatam-se avanços significativos em muitas áreas de realizações, e, mais importante ainda, vemos uma criança que começa a desfrutar mais da vida".

EXERCÍCIO INDIVIDUAL

Explicar de forma oral ou escrita como é possível ser independente no meio da família e das instituições, tendo em conta as normas que as regem.

TRABALHO EM GRUPO

Partilhar em subgrupos espontâneos o exercício individual e avaliá-lo.

COMPROMISSO

Definir uma estratégia que pode realizar para manter-se preparado para aproveitar as oportunidades.

POSSO TER UM IDEAL, PREPARAR-ME PARA CONSEGUI-LO E CRIAR OPORTUNIDADES PARA REALIZÁ-LO.

VI. Tenho visão de futuro

2. RECONHEÇO QUE ESTOU CRESCENDO

> ESTOU CRESCENDO, SINTO-ME MAIS FORTE, ESTOU CONTENTE COMIGO.

ATIVIDADE INDIVIDUAL

Copiar as seguintes frases e completá-las fazendo uma comparação entre sua infância e o momento presente:

1. Quando era pequeno, meu brinquedo favorito era ...; hoje é ...

2. Quando tinha seis anos eu queria ser ...; hoje eu quero ser ...

3. Quando era criança, o que mais gostava em meus pais era ...; hoje, o que mais gosto neles é ...

4. Quando era bebê, davam-me banho, vestiam-me, escolhiam tudo por mim; hoje ...

QUESTIONÁRIO

Responder por escrito as frases abaixo:

1. O que aconteceu com meu corpo que mostra que estou crescendo?

2. E com minha inteligência?

3. O que vem acontecendo em minhas atitudes?

4. Como minha família contribuiu para meu crescimento? E o meu colégio?

5. Para mim, o que significa crescer?

ATIVIDADE EM GRUPO

Partilhar a atividade anterior em subgrupos espontâneos.

LEITURA

QUE SIGNIFICA CRESCER?

É difícil crescer para uma criança sob a autoridade e o poder de seus pais e professores; mas é interessante identificar as mudanças que ocorrem na mente, no coração e em todo o corpo, tanto da menina como do menino.

Ambos sentem que se fortalecem, adquirem mais clareza diante da realidade e sabem da responsabilidade que têm para consigo mesmos, para com os demais e com o mundo.

Na realidade, o crescimento faz perceber que a gente não era uma folha em branco ao nascer, pois chegamos ao mundo com diversos potenciais e capacidades que nos permitem crescer, que nos animam e impulsionam para conseguir "o acabamento", nos definindo como pessoa, tornando-nos um ser mais culto, mais discreto, respeitoso, cordial e amável; enfim, tornando-se um humano melhor.

O ser em crescimento descobre que é indispensável assumir-se, gostar de si com tudo o que tem e com o que lhe falta. E que também é preciso aceitar os demais e compreender que são necessários na vida, para que se possa enriquecer de forma permanente. Não se pode crescer como ser humano sem contar com os semelhantes; são eles que ensinam o jeito mais hábil de sobreviver.

O ser em crescimento também toma consciência da importância de manter boas relações com a natureza. A natureza que, com suas plantas e animais, com o ar, a água e todos os seus componentes alimenta o corpo, oferece alegria ao coração e paz ao espírito; mas, sobretudo, é o espaço no qual a pessoa se move e interage.

Crescer é um processo, uma tarefa particular que não pode ser delegada a ninguém. Cada pessoa faz a sua própria história biológica, afetiva e social.

DISCUSSÃO EM GRUPO

Comentar o conteúdo desse texto em pequenos grupos formados espontaneamente.

EXERCÍCIO EM DUPLAS

1. Montar uma cruzadinha com palavras que considerar necessárias para crescer com dignidade.

   Exemplo:

   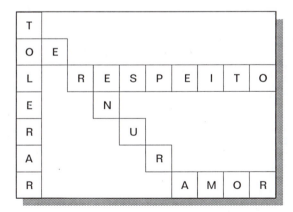

2. Elaborar cinco frases que se refiram ao tema.

3. Trocar com outra dupla a cruzadinha e a frase, e fazer uma avaliação recíproca.

COMPROMISSO

Definir que tipo de ação você pode realizar para contribuir com o próprio crescimento integral.

3. MINHA REALIZAÇÃO COMO PESSOA

ATIVIDADE INDIVIDUAL

1. Escrever o que deseja ser e o que quer fazer nos próximos sete anos.
2. Definir pelo menos três itens para cada ano.
3. Pode ilustrar com desenhos, se quiser enfeitar os sonhos.
4. Partilhar os sonhos com alguns colegas, em subgrupos.

> Sonhe que tem asas e voe,
> sonhe que um dia o sofrimento se afastará de você.
> Sonhe que descobre muitas coisas escondidas.
> Sonhe que seus erros acabaram.
> Mas sonhe que está sonhando
> Pois o amor é seu ninho.
>
> Leidy Johana Ospina, 12 anos.
> Liceu Malabar, Manizales.

ATIVIDADE EM GRUPO

Trocar idéias sobre o significado da história em quadrinhos, procurando responder:

1. Por que o urso continua a ser urso quando grande e a criança deixa de ser criança?
2. É possível ao urso se programar para ser melhor ou mais urso?
3. O menino pode se programar para ser melhor ou mais humano?

PROJETO PESSOAL

Elaborar um projeto de vida para si mesmo, válido para os próximos cinco anos.

O QUE É UM PROJETO PESSOAL?

É um plano de desenvolvimento, de crescimento pessoal.

PARA QUE SERVE?

Para desenvolver capacidades, habilidades, dons e valores, visando conseguir o que se quer saber, aquilo que se deseja, o que se gosta de fazer, de modo a satisfazer necessidades intelectuais, emocionais e físicas.

COMO FAZER?

Verificar com o que se pode contar para atingir o que deseja. Procurar a família e outras instituições com as quais interage, para saber como podem contribuir com o projeto.

Partindo daquilo que tem e do que pode ser conseguido, formular um objetivo, esboçar um programa e planejar algumas atividades.

QUEM FAZ?

Basicamente, executa quem está criando o projeto; mas pode-se pedir ajuda ao coordenador e a pessoas de confiança. É bom apresentar o rascunho à família, para obter orientações.

POR QUE FAZER?

Porque um projeto permite ver em que direção se está indo; ajuda a encontrar sentido naquilo que se faz ou está se fazendo agora; anima; incentiva; fortalece a confiança em si mesmo e, sobretudo, permite estabelecer um compromisso próprio, exclusivo diante da vida, da família e da sociedade.

POR QUANTO TEMPO?

Não é conveniente fazer um projeto pessoal por um prazo muito longo. Nesse momento, é razoável o prazo de cinco anos. É preciso, porém, avaliar e corrigir o projeto periodicamente. Portanto, ele deve ser flexível, sujeito a mudanças e ajustes, quando necessários.

MÃOS À OBRA

O projeto pode ser representado em forma de árvore ou de escada, ou de outra maneira na qual nunca se perca de vista a meta, os recursos, as tarefas a realizar, os vícios a evitar etc.

Você vai precisar dispor de vários dias para realizar o projeto, receber assessoria e melhorá-lo até que fique satisfeito.

COMPROMISSO

Assumir o projeto pessoal.

AVALIAÇÃO GERAL DO CURSO

EXPOSIÇÃO DE CARTAZES PLIS

- Dividir a turma em quatro grupos para fazer uma reflexão sobre este curso de ética.

- Encarregar cada grupo da elaboração de um dos cartazes abaixo.

- Organizar uma exposição dos cartazes à qual possam comparecer os familiares e amigos dos participantes que agora encerram o curso.

P	L	I	S
aspectos positivos	limitações ou dificuldades encontradas	aspectos interessantes	sugestões

GRAÇAS À ÉTICA

Graças à ética, estou melhorando meu relacionamento
comigo mesmo, gosto mais de mim,
aceito-me com serenidade,
reconheço minhas capacidades e limitações,
escuto-me, consulto minha consciência,
estou mais contente comigo.

Graças à ética, aceito o outro como ele é,
sem pretender mudá-lo,
respeitando o seu modo de ser, seus gostos,
seus desejos, seus sentimentos.
Aceito-o sem qualificar, sem rotular, sem julgar.

Graças à ética, reconheço que o mundo
e tudo o que contém é de todos,
que o que digo e faço aqui repercute lá.
O que acontece comigo acontece também com a natureza,
pois todos os seres interagem.
Sinto-me cidadão do universo.

Graças à ética, acredito em mim,
nos outros e no cosmo.

Graças à ética, acredito nas galáxias
e na utilidade de uma formiga.
Graças à ética sou melhor do que ontem
e a cada dia preparo-me com entusiasmo,
porque acredito que a oportunidade existe para
quem está progredindo como ser humano.
Graças à ética, acredito no zero e no infinito,
assim como acredito em minhas metas e no princípio.